Volver

Letras Hispánicas

Jaime Gil de Biedma

Volver

Edición de Dionisio Cañas

NOVENA EDICIÓN

CATEDRA

LETRAS HISPANICAS

Ilustración de cubierta: Patricia Gadea

© Herederos de Jaime Gil de Biedma
© Ediciones Cátedra (Grupo Anaya, S. A.), 2000
Juan Ignacio Luca de Tena, 15. 28027 Madrid
Depósito legal: M. 37.184-2000
ISBN: 84-376-0879-1
Printed in Spain
Impreso en Anzos, S. L.
Fuenlabrada (Madrid)

Índice

Introducción

La mirada irónica de Jaime Gil de Biedma

La configuración de una mirada poética: repaso de la crítica

La obra de Jaime Gil de Biedma (Barcelona, 1929) se considera fundamental dentro de su generación (la de los años 50) y ocupa un lugar destacado en el panorama de la literatura española del siglo XX. Su poesía viene a ser la búsqueda y la invención de una identidad consciente del irreparable paso del tiempo, a la vez que se aferra, mitificándolos, a los fugaces instantes de felicidad y afirmación, tanto personal como social, que ese mismo tiempo depara. El amor, el erotismo, la amistad y la desinteresada bondad, son para él formas de derrotar la muerte. La inteligencia, la autenticidad y una actitud ética frente al mundo, serían los valores que se hacen indispensables para cruzar dignamente por el breve tramo de la vida. Todo esto está expresado en un lenguaje riguroso, con la voluntad de una forma escueta y, dando por resultado, una gran parquedad en su producción total. Su actitud antirretórica y los variados tonos (que van desde el íntimo al social) de su poesía forman parte de una estrategia para que su obra aparezca como elaborada por un escritor que asume la tradición y la usa y que, a la vez, se separa de ella creando así un discurso muy personal. En él se descubre una postura irónica, tanto en el nivel filosófico existencial como estilístico, una intencionalidad que es la del distanciamiento crítico de la base autobiográfica de su poesía y un igual distanciamiento del oficio de poeta que él caracteriza como una tarea estrictamente lúdica.

11

Al publicar en 1984 mi estudio sobre tres poetas contemporáneos de Jaime Gil de Biedma (Francisco Brines, Claudio Rodríguez y José Ángel Valente), me pareció que de algún modo mi intento de formular una teoría de la mirada poética en esta generación quedaba incompleto. Si bien al caracterizar la peculiar mirada con que cada uno de estos tres poetas se enfrentaba al mundo el resultado remitía a una fórmula compacta —mirada auroral, crepuscular y nocturna— comprendí pronto que, tanto el método crítico como mi definición de la mirada poética, carecía de un contrapunto dialéctico que pusiera a prueba y diera actualidad a lo allí escrito; ese contrapunto es el de la ironía.

En aquel libro, *Poesía y percepción,* creo que para cualquier lector medio quedaba claro lo que por mirada poética entendía: la forma de aprehender el mundo (tanto material como intelectual) que un poeta expresa en sus textos. Esta mirada es subjetiva y, de ningún modo, el poema es el testimonio fiel de la visión total del autor de ese mundo, sino una parcial manera de relacionarse consigo mismo desdoblándose en lector y presentando así un asunto cualquiera circunstanciado en un nivel más o menos referencial o puramente imaginativo. La mirada poética de un autor viene a ser la suma de intenciones que se pueden descubrir en todos sus textos y que, reunidas, parecen apuntar a una intencionalidad sobresaliente. En el caso de Jaime Gil de Biedma es la mirada irónica lo que unificaría todas las demás actitudes e intereses. Y por ironía entiendo tanto la figura retórica así llamada (Lausberg, 1975; Ducrot y Todorov, 1975) como la postura filosófica, tan característica de nuestro siglo, que va desde el absurdo como respuesta a la conciencia del vacío existencial hasta el distanciamiento irónico, del yo y de la historia, mediante el simulacro artístico.

Al final de mi prólogo al libro antes mencionado escribía: «El poeta es un astuto cuya función no es la de enseñarnos los trucos de su astucia, sino la de entregarnos un texto en el cual están los resultados de aquélla.» Para completar mejor la idea de lo que entiendo es un poeta posmoderno, tengo que añadir ahora que parte importante de un texto escrito por ese poeta astuto posmoderno, es también permitir que aparezcan de algún modo, en el mismo poema, los elementos de su elaboración, el proceso de su construcción y, en última instancia, darnos las suficientes pistas para que caigamos en la cuenta de que aquel fingido retrato del artista y de la sociedad que nos ofrece es sólo un simulacro de la realidad, es un producto de esa astucia aludida.

Esta dimensión de la astucia técnica hecha visible en el poema, junto a la ironía y el intento de un lenguaje que se aproxime al habla cotidiana de la ciudad, es una forma de reaccionar contra el lado más irracional y sentimentaloide del romanticismo. Esta reacción tuvo lugar desde principios del siglo XIX entre los escritores del mundo anglosajón y francés. Ya hacia las últimas décadas de ese mismo siglo y los inicios del siguiente, crece una conciencia de esta necesidad del cambio en el tratamiento del lenguaje poético entre los poetas modernistas y posmodernistas hispanoamericanos; y en la Península, cierto Bécquer, Campoamor, los Machado, Unamuno y Juan Ramón Jiménez. Vendrían después Moreno Villa, Luis Cernuda y José Hierro, por sólo mencionar algunos, a completar esa tarea. Y el más radical de todos, Blas de Otero que en su «Poética» de *En Castellano* dice:

ESCRIBO
hablando.

Gil de Biedma se sitúa en esta tradición hispánica que se inicia en el romanticismo con apuntes de modernidad, y en la superación de éste, que representa Bécquer. Pero hay que completar el origen de este impulso que saldrá, por la ironía y el coloquialismo, del lado más manido del romanticismo, y para ello habría que tener en cuenta la imprescindible aportación de la poesía hispanoamericana antes mencionada que, fuera de Rubén Darío, nuestro poeta ignora o no alude. La desacralización del mundo y la desmitificación de la retórica de la belleza por medio del

13

coloquialismo, el prosaísmo, el humor, la ironía y la sorpresa, la realizan, antes que en España, autores como Lugones, Herrera y Reissig y López Velarde (José O. Jiménez, 1985).

Biedma, a su vez, y moviéndose también en esta dirección, ha sabido fabricar la mejor arma de defensa frente a su incorregible inclinación a la mitificación de sí mismo, de su mundo, de sus amigos, de su pasado y de su ciudad, esto es, el arma de la ironía. A pesar de lo cual, la figura del poeta-lector como manipulador superior del lenguaje permanece intacta, y esto viene a ser una forma de arrastrar la idea romántica del escritor como un ser privilegiado que, en su caso, llega al extremo de burlarse de sí mismo y de su actitud poética.

Al romper el espejo mágico que en el romanticismo propiciaba la obra, donde parecía que el Yo se reflejaba (ya fuera psíquico o empírico), el pensamiento occidental cayó en un relativismo angustioso a veces. Ese caos moderno parecería verse contrarrestado por una sobrevaloración de la inteligencia constructora (Langbaum, 1985) y de la ironía como una permanente señal de alerta de que, aunque flotemos sobre un mundo fragmentado y ambiguo, tenemos conciencia de ello. En la posmodernidad es la idea de nuestra inteligencia, y de la velocidad que poseemos para recoger y recibir información, lo que parece mantenernos por encima de ese mismo caos.

Para que se entienda el contexto cultural donde se sitúa la poesía de Biedma, el de la posmodernidad, debo recordar que, al igual que la obra de W. H. Auden significó una reacción al *modernism* en lengua inglesa, ya desde 1935, por los mismos años aparecen nuevos aires rehumanizadores en la poesía española. Y que, por éstos, aquélla se compromete con las circunstancias históricas y personales a partir de un lenguaje más directo y referencial. La vuelta a la anécdota y a lo narrativo (Cañas, 1985) son dos aspectos de la poesía posmoderna que se acoplan sobradamente a la producción de Jaime Gil de Biedma. Y, en un nivel cultural más amplio, será el concepto de un saber narrativo (Lyotard, 1986) el que module esta misma época.

14

Los trabajos sobre la obra del autor han logrado aclarar con más o menos acierto los mecanismos que la gobiernan, su intencionalidad y la repercusión que su poesía y su personalidad intelectual han tenido en el ámbito cultural español. Pero sería sólo a partir de su libro *Moralidades* (1966) cuando los primeros artículos de cierta seriedad empezarían a aparecer: Pere Gimferrer (1966), Jorge Rodríguez Padrón y Juan Ferraté (1969). En la década de los 70 el interés por la obra de Gil de Biedma aumentará considerablemente: José Olivio Jiménez (1972), Joaquín González Muela y Tomás Segovia (1973), Javier Alfaya, Alejandro Amusco, Pere Gimferrer, Ángel González, Shirley Mangini y Danubio Torres Fierro (1975), Martín Vilumara, Guillermo Sucre, J. A. Masoliver Ródenas, Shirley Mangini, J. M. García Ramos y Guillermo Carnero (1976). En la década de los 80 aparecen finalmente dos volúmenes fundamentales sobre su obra: los de Shirley Mangini (1980) y Pere Rovira (1986a); de igual modo que son importantes el número especial dedicado al autor por la revista andaluza *Litoral*, el de *Olvidos de Granada* que se ocupa de toda la generación del 50 y los libros de José Luis García Martín y Andrew Debicki (1986) sobre esta misma generación.

Antes de continuar mi escrutinio de la crítica sobre Biedma, es necesario señalar que es significativo el hecho de que poetas de gran relevancia en su generación, y en las que siguen, han estudiado su obra: Ángel González, Pere Gimferrer, Guillermo Carnero, el mismo Rovira y últimamente Luis García Montero. Esto creo que es un indicio de la vigencia del autor en el panorama de nuestra poesía más viva.

Si tenemos en consideración la brevedad de su obra poética (casi toda recogida en esta antología), notaremos que el corpus crítico sobre Biedma es bastante voluminoso. Naturalmente, esto ha producido ya lo que podríamos llamar una retórica interpretativa que quiero resumir ahora.

Coinciden la mayoría de sus críticos en señalar que la actitud intelectual y el distanciamiento irónico predominan en su poesía. De igual modo, son de la opinión de que una humana mirada sobre el mundo que rodea al poeta traspasa siempre la aparente frialdad de su *ethos* literario. Este contrapunto dialéctico da una agilidad de lectura a sus textos que los hace claramente meditativos y profundamente circunstanciados en un momento histórico y en una realidad íntima. Porque, como declara el mismo autor: «en mi poesía no hay más que dos temas: el paso del tiempo y yo» (Campbell, 1971, 249).

En su obra suelen armonizarse dos tensiones complementarias: una que proyecta el texto hacia un campo de fabulación temporalista, y otra que lo mantiene cerca de la lucidez realista a veces elegiaca. En el primer caso, el inaugural ensayo de José Olivio Jiménez (1972) apuntaba ya hacia esa «versión realista de la irrealidad» en su poesía; al igual que Juan Ferraté (1969) había señalado el afantasmamiento del mundo que aparecía en aquélla. Posteriormente, y siguiendo la línea de pensamiento de estos dos críticos, se hablará de mitificación (Mangini, 1980; Rovira, 1986a), o de ilusión (Debicki, 1986). También se ha usado el término de desrealización como un modo de soportar la enorme carga emocional y política que significó, para el poeta, el vivir bajo una continua conciencia del paso del tiempo y en las circunstancias de la España de la dictadura de Franco. En este sentido, el plano más realista parecería cumplir funciones desacralizadoras (Rovira, 1986a), desmitificadoras (Mangini, 1980), tanto en un nivel poético como personal e histórico. La justificación de esta última actitud se asocia con una mala conciencia de clase: la burguesa, a la que pertenece el poeta.

La preocupación temporalista en su obra ha llevado a la crítica a coincidir en que igualmente aparece en su poesía un tiempo mitificado: el de la infancia, el compartido con los amigos y el del amor. A su vez, un tiempo desmitificador mina esas utopías: el de la mala historia, el de ciertas parcelas de la historia personal, el de con frecuencia hostigador tiempo del pensamiento. Pero también en Biedma se puede señalar esa continua aparición de un tiempo mejor, tanto en lo social-histórico como en lo personal. Si bien es cierto que esta esperanza puesta en el futuro queda como suspendida por cierta desconfianza en los grandes discursos de la perfectibilidad o mejoramiento del ser humano en su conjunto, lo cual ha desembocado en un nihilismo de signo más que radical (Lyotard, 1987). El intimismo algo egoísta que aparece en la obra de Biedma es la expresión más tierna del cinismo posmoderno, pero no deja de ser un reflejo de la crisis de las ideologías y del narcisismo individualista que predomina en nuestra época.

Muy acertadamente ha asociado Pere Rovira (1986a) la obra del autor con la «invención de una identidad». Esta construcción del mito personal que *se quisiera ser* entra a menudo en conflicto con lo que en verdad *se es;* y en la obra de Biedma este conflicto no se oculta, sino que por lo contrario, se ve subrayado continuamente. Aquí de nuevo, la crítica coincide en que la actitud irónica, autoirónica, cumple una función desmitificadora.

Dentro del ámbito de esa búsqueda de la identidad, el amor y el erotismo toman formas muy variadas que ilustraré más adelante. Por ahora me limitaré a decir que sus actitudes están de acuerdo en señalar que frente a la idealización del cuerpo, la fascinación con el estado amoroso, la ilusión y la ternura con que a veces se trata este asunto, surge una actitud de autoburla, de cruda descripción del acto amoroso, incluso de la vulgaridad de algunas situaciones eróticas.

Tanto Mangini (1980) como Rovira (1986a) están de acuerdo en señalar que el erotismo y el deseo amoroso distinguen su obra dentro del panorama de la poesía de su generación; aunque aquí haya que señalar que esto es parcialmente incorrecto, ya que otros poetas (Rodríguez, Brines, Valente, González) han escrito numerosos poemas amorosos y eróticos. Lo que sí es cierto es que desde Luis Cernuda no teníamos un poeta que hubiera dado entrada al erotismo en su obra de un modo tan lúcidamente inmediato. No se trata de hacer una asociación simplista entre vida y obra, aunque está claro que «el poema no tiene por qué ser fiel a la verdad biográfica, pero tiene que serlo a la experiencia de su autor: sólo así puede cumplir la función de "espejo moral" que está en la raíz de su razón de ser» (Rovira, 1986a, 101).

Todos los trabajos sobre el autor subrayan el contexto urbano en el que su poesía se sitúa. Al trazar una tradición de la penetración de lo urbano (tanto como escenario o como lenguaje) en la poesía moderna se alude al lado más irónico del romanticismo, a Baudelaire, Laforgue, y a la aplastante presencia de la ciudad en todo el arte de vanguardia. La crítica ha señalado: «la obsesión central de Jaime Gil de Biedma, [es] conectar con la modernidad, y nos muestra que en esta búsqueda el poeta se apoya escasamente en la tradición poética española» (Rovira, 1986a, 63).

El tema y el lenguaje de la ciudad es parte ya integrante de la poesía de la generación del 27 (Lorca, Salinas, Alberti, Moreno Villa, Cernuda, Alonso y anteriormente Juan Ramón Jiménez). Y del mismo modo hay muchos casos en las generaciones siguientes que recogen el ámbito urbano (Panero y Rosales, por ejemplo). Pero el tono y el tratamiento de los temas urbanos en Biedma se acerca más a los de la poesía anglosajona, aunque de ningún modo estaban ausentes dentro de nuestro contexto cultural.

Según declara Ángel González en una entrevista, la influencia de Machado y Unamuno en la poesía de posguerra iba a hacer que reapareciera una «temática rural anticuada, inadecuada, en un momento en que se produce precisamente la despoblación del campo, las transformación de la agricultura y el crecimiento y nacimiento de las grandes ciudades. Eso recuerdo haberlo hablado, cuando éramos jóvenes, recuerdo haberlo hablado con Jaime Gil de Biedma concretamente, haber hecho esa observación compartida de la inadecuación de ese conglomerado de metáforas rurales, campesinas, frente a la vida que estábamos experimentando» (Alvarado Tenorio, 1980, 87).

Por último, es de acuerdo común entre los críticos que el cariz social de la poesía de Biedma obedece a un impulso moral que se fundamenta en la necesidad de reafirmar su identidad individual dentro de un panorama histórico corrompido. De ese modo, la ausencia de un tono panfleta-

18

rio en su obra hace que los pocos poemas políticos que ha producido se sitúen entre los mejores del género escritos en nuestro país.

El prurito del tono que, en el momento extremo de las vanguardias, perdió toda su vigencia, vuelve a imponerse en la poesía posmoderna como un recurso más y, para Jaime Gil de Biedma, se hace un requisito imprescindible. De hecho, tanto el autor como la crítica, reconocen que su poesía parte de una experiencia personal que, sedimentada, reaparece como obsesión y busca una forma. Una vez encontrada esa forma y el tono adecuado, según el tema y la intención que se quieren expresar, este poeta, que se convierte en su propio lector, escribe el poema. De ahí la variedad de tonos y de recursos métricos que se registran en su obra.

En cuanto al tono, se puede decir que a pesar de que abunde el sesgo íntimo, también nos encontramos con un tono civil (Mangini, 1980, 86). La voluntad de privacidad de su escritura (Rovira, 1986a, 62) llevan al autor a dar a sus poemas «el tono de una conversación informal, empleando las mismas palabras que se usarán en ella» (Riera, 1988, 113). Esta actitud antirretórica la lleva Gil de Biedma al extremo del «rompimiento con la regularidad estrófica en beneficio de la voz hablada» (Rovira, 1986a, 123). Por lo tanto, se trata de permanecer fiel a su lenguaje aunque haya que ser infiel al lenguaje literario (Rovira, 1986a, 127).

La experiencia de lector es fundamental para entender toda la poesía de este escritor porque, en efecto, no se distingue de su experiencia humana (Ferraté, 1969). Es quizás esta una de las características que más acercan la obra de Biedma a lo mejor de la generación que le sigue inmediatamente y que, a su vez, lo incluye de pleno en la posmodernidad. La simulación del habla coloquial sitúa su obra en una tradición que va desde los *poetae novi* latinos hasta su compañero Gabriel Ferraté (Siles, 1988) y que recogerán después los poetas más jóvenes (especialmente Luis García Montero y el grupo de Granada).

A pesar de que la experimentación con las formas fijas

de la métrica es un rasgo destacado de su poesía, no creo que sea algo que distinga con exclusividad a la obra de Biedma, ya que este reciclaje de la tradición retórica es también parte integrante de los planteamientos posmodernos que muchos de nuestros escritores de la mal llamada «poesía de posguerra» han llevado a cabo. Lo que sí es más interesante es la dosis de parodia que contiene su poesía. Aunque de la amplitud de este término, tal y como lo define Linda Hutcheon, me ocuparé más adelante, voy a consignar ahora algo de lo que la crítica ha anotado al respecto.

Para el poeta el concepto de imitación no es en absoluto un gesto que disminuya la originalidad de la obra, lo cual, por otro lado, fue una preocupación romántica retomada después por el sarampión vanguardista de lo nuevo y la valoración de la ruptura como una categoría estética. La mayoría de los críticos de Jaime Gil de Biedma han rastreado y documentado las citas, los préstamos literarios, los collages, las apropiaciones de tonos, estilos y temas a que acude constantemente. Este apropiamiento cultural se da en su obra en dos niveles: en el de la alta cultura y en el de la popular (Mangini, 1980; García Montero, 1984; Rovira, 1986a; García Martín, 1986).

Intentar documentar las apropiaciones cultas y populares que contiene la poesía de Gil de Biedma sería una tarea ardua y mucho más extensa que la que permite este prólogo (envío, por lo tanto al lector a los críticos antes mencionados y a las notas que acompañan esta antología), pero sí creo que es pertinente aquí plantearse el por qué y el cómo se usan esos préstamos.

En principio, el recurso a las alusiones literarias nos lleva siempre al enfriamiento de las falacias emocionales que un poema puede contener, nos vuelve «desde la ilusión de la realidad a la realidad de la ilusión literaria» (Mangini, 1980, 81). Es posible que esa sea la intención última del poeta, pero lo que resulta cierto es que esa aparición de un horizonte literario usurpado nos remite siempre al autor como lector, que es uno de los rasgos que definen su identidad poética.

Esta identidad como lector (que quizás mejor que nadie en este siglo caracterizará en nuestra lengua a Jorge Luis Borges) es deudora de una tradición anglosajona con la que Biedma se identifica. Pero a la vez, aparece, en estas apropiaciones, la tradición hispánica que el autor respeta. El gusto por lo extranjero, en cuanto a la tradición culta, parte en el autor de un rechazo, no siempre bien fundado, del provincianismo por él atribuido a los contemporáneos suyos que no sean sus amigos de la capital catalana y algunos escogidos en el ámbito de la península.

La errónea lectura que hizo el grupo de Barcelona de autores como José Hierro y Claudio Rodríguez ilustra bien lo inadecuado de la apreciación global que Biedma y su círculo manifestaron en la década de los 50 y los 60. Es de interés señalar el profundo conocimiento de Hierro de la poesía francesa, sus conexiones con Baudelaire y, de igual modo, la presencia de una línea del simbolismo francés en Claudio Rodríguez como también la familiaridad de éste con la lírica y el pensamiento anglosajones. Lo que ocurrió es que nunca les urgió manifestar esas lecturas, o saquear de ellas en forma de apropiaciones o préstamos. Esto nos permite ver más claro que en el caso de Jaime Gil de Biedma nos encontramos ante una necesidad de estar continuamente aludiendo a su experiencia como lector (tanto en prosa como en poesía), actitud que por su correspondencia y por los documentos que poseemos sobre sus relaciones amistosas —las memorias de Carlos Barral y el libro de Carmen Riera son imprescindibles para conocer a fondo este asunto— hace parte íntegra de la experiencia vital, y total, del autor.

Pero sería injusto, por lo que acabo de sugerir, hacerse una imagen de Jaime Gil de Biedma como un pedante hombre de letras cuando en realidad es todo lo contrario. El lado humano que penetra desde su vida en los textos literarios es, ya lo hemos mencionado, la tierna sentimentalidad de un hombre moral y socialmente comprometido. Sin ser popularista, el tono de muchos poemas del autor es popular: las letras de canciones, los giros conversacionales, las expresiones cotidianas, las frases que circulaban dentro del ámbito de sus amigos, el conocimiento de la clase trabajadora expresado en temas y ambientes poemáticos, aparecen en su poesía en calidad de préstamos de origen popular que dan un contrapunto muy personal al otro rostro de su personalidad literaria (la que podríamos entender como literalmente «intelectual»).

Las funciones que cumplen estas apropiaciones, ya sean cultas o populares, tienden siempre a ese proceso de enmascaramiento, y simultáneo desenmascaramiento, que configura la mirada irónica de su poesía. Esta forma de recreación creadora es sin duda el núcleo central de su obra, y a la vez un aspecto predominante de nuestro ambiente artístico del día. La meditación sobre el momento histórico es individualista, pero esa subjetividad se apoya en un simulacro anónimo donde, sin ningún tipo de angustia existencial, nos deja en el vacío de las representaciones. En el fondo queda el agotamiento del tiempo personal y el insignificante testimonio de que hemos vivido.

> Dejar huella quería
> y marcharme entre aplausos
> —envejecer, morir, eran tan sólo
> las dimensiones del teatro.
>
> Pero ha pasado el tiempo
> y la verdad desagradable asoma:
> envejecer, morir,
> es el único argumento de la obra.

(«No volveré a ser joven»)

El poeta y su doble

> *¿Qué a qué la máscara y el disfraz, cuando sólo se habla a uno mismo? Pues a ciencia cierta no se sabe, pero es el caso que más de un poeta, a solas, ha empleado una y otro.*
>
> J. G. B.

Baudelaire, en un ensayo sobre la risa, escribió: «el artista sólo es artista a condición de ser doble y de no ignorar ningún fenómeno de su doble naturaleza» (1963, 608). A través de esta demanda de la lucidez, por el desdoblamiento, la poesía moderna se despegaba del yo romántico y se iniciaba el largo camino del sujeto poético hacia la soledad final: el yo y el tiempo, como dice Biedma. Lo que aquí importa retener de las palabras de Baudelaire es esta doble imagen del poeta y la absoluta conciencia que debe tener de su doble naturaleza.

Está claro que la poesía más característica de Jaime Gil de Biedma participa de esa doble imagen de sí mismo. Tanto en un nivel conceptual como puramente textual, se unen en casi todos sus poemas una mezcla de elementos opuestos, de lenguajes ajenos, de mundos separados. La ironía es la forma de comunicarle al lector que esos contrastes, esas contradicciones, son parte de una estrategia poética y de un pensamiento relativista.

La actitud irónica se introduce en la esfera de la conciencia romántica como un reconocimiento de las limitaciones humanas (Enright, 1986) y, desde el punto de vista filosófico, es una posición nihilista que entra en conflicto con el idealismo romántico (Muecke, 1978a). Pero, ya a finales del siglo XVIII, Friedrich Schlegel afirmaba que, a través del uso conjunto de la imaginación y la ironía, lo que los románticos buscaban era la fusión entre vida y obra (Paz, 1974, 89). Esto, en realidad, no se realizaría en la poesía hispánica hasta bien avanzado el siglo XIX.

Jaime Gil de Biedma ha expresado en varios ensayos su conocimiento de esta clara escisión con el idealismo romántico que se produce en el mismo seno de dicho movimiento y, más tarde, con Baudelaire. En su ensayo «Emoción y conciencia en Baudelaire», descubrimos que todo lo que allí escribe es aplicable a su propia obra: «Es cierto que encontramos en Baudelaire coherencia lógica y formal y discursividad y oratoria —virtudes todas ellas bien necesarias a la poesía—, y continuidad en el nivel de tono y una andadura demasiado previsible. Pero ¿no son también típicas en Baudelaire, en el mejor Baudelaire, las cualidades opuestas: el sobresalto y el quite que el lector no espera, lo mismo que la repentina y casi inverosímil concentración imaginativa en unos pocos versos, cuando no en uno solo?» (1980). Este contrapunto irónico (y cuando digo irónico no me refiero sólo a los resultados humorísticos) será un rasgo típico de la poesía de Biedma.

Más adelante, en este mismo ensayo, señala el poeta otro aspecto revelador de la poesía de Baudelaire que es igualmente adaptable a la suya: «El poema baudeleriano parece obedecer en su despliegue a un continuo vaivén de atracción y repulsión entre metro y sintaxis, entre ritmo y melodía, que, al organizarse en zonas de convergencia y divergencia, se convierte en factor determinante de la estructura del conjunto.» Esta antinomia de metro y sintaxis es para el autor equivalente a otra no menos importante en el momento de escribir el poema: la de emoción y conciencia.

Pero Biedma señala que en Baudelaire hay siempre una nostalgia, un querer huir de todo, que lo alejan del mundo poético del catalán. Y es que la actitud irónica que su poesía adquiere no es precisamente para huir del tiempo histórico que le ha tocado vivir, sino, por el contrario, para hacerlo soportable. Lo que conseguirá Gil de Biedma a través de su actitud irónica es tomar una distancia crítica desdoblándose en un variadísimo juego de máscaras que va desde la mirada tierna a sí mismo y al mundo hasta la caricatura grotesca de su yo y de la sociedad que lo rodea.

Por lo tanto, en su postura poética no hay nunca escapismo, sino una cierta crueldad que va dejando como vacíos de sentido casi todos los presupuestos humanos e ideológicos en que su experiencia se han venido fundamentando. Esto ha ocurrido porque el poeta se ha puesto incondicionalmente del lado de una conciencia alerta, que es la que rige su poesía.

Para Gil de Biedma, Espronceda sería nuestro primer poeta moderno, precisamente porque supo incorporar en algunos textos suyos el coloquialismo y la ironía. El otro aspecto de la poesía de Espronceda que a él le interesa es su capacidad de desdoblarse en el texto, de tomar distancia de sí mismo y de que «el conocimiento de esa distancia se

ha convertido en fuente de efectos poéticos» (1080). Él to-
mará esa distancia a través del monólogo dramático, asunto que ha sido ampliamente esclarecido por la crítica y por
el propio autor: el origen anglosajón de este recurso, el uso
que de él hace Luis Cernuda, etc. Se trata ahora de ver qué
es lo que por ironía se entiende y cómo se configura la mirada irónica en Jaime Gil de Biedma.

La mirada irónica

El poeta, en un artículo que lleva por título «Revista de
bares (o apuntes para una prehistoria de la difunta *gauche
divine*)», al referirse a una decoración estilo *art nouveau* de
uno de los locales que él frecuentaba, nos da una definición de la parodia, y la posible razón por la cual ésta
se usa:

> *Y así ha resucitado el art nouveau; estilizándolo, satisfacemos nuestra
> ilusión de lujo y nos tranquilizamos pensando que, después de todo, no es
> un lujo vulgar, puesto que al ser parodia del de otra época, implica un
> cierto grado de ironía y de distanciación consciente. Nos creemos sofistica-
> dos y jugamos a reírnos de nosotros mismos, pero en el fondo lo que nos
> gustaría es estar más seguros.*

La mayoría de las definiciones de la ironía están de
acuerdo en señalar que es un recurso por el cual se dice lo
contrario de lo que se quiere dar a entender (Knox, 1961;
Muecke, 1969; Lausberg, 1975; Díaz-Migoyo, 1980). Para
que el efecto irónico se realice es indispensable un contexto verosímil, unas connotaciones que sean fácilmente des-
cifrables para el lector. La ironía puede ser verbal y de situación y va desde la ironía impersonal, donde el autor
está totalmente distanciado y no entra en juego sino como
espectador ajeno, hasta la ironía del automenosprecio
(Muecke, 1978a), tan características del último Jaime Gil
de Biedma.

Este concepto básico de la ironía hay que entenderlo
como una estructura retórica que es aplicable a muchos de

los poemas del autor. Pero la mirada irónica del poeta se apoya frecuentemente en la definición de un destino que parece irónico. Así, el destino de España, que en un poema como «Años triunfales» parte ya de la ironía desde su título, porque el país que se describe es un país derrotado, empobrecido y vulgar. Y en «Apología y petición» donde, a pesar de una poco convincente creencia en un futuro mejor, escribe:

> De todas las historias de la Historia
> sin duda la más triste es la de España,
> porque termina mal. Como si el hombre,
> harto ya de luchar con sus demonios
> decidiese encargarles el gobierno
> y la administración de su pobreza.

Esta especie de destino trágicamente irónico, en manos de «sus demonios», aquí resultantes de unas precisas circunstancias históricas, aparece también en un nivel personal donde, a pesar de compartir con sus amigos de Barcelona una ideología de izquierdas, se sabe incorregiblemente ligado a un pasado burgués, al presente de la *gauche divine* y a una conducta que nada tiene de militante. El poema titulado «En el nombre de hoy», despliega una ironía que se hace manifiesta ya en el plano discursivo textual: «Pero antes de ir adelante / desde esta página quiero / enviar un saludo a mis padres, / que no me estarán leyendo.» Y al final del poema, que es todo una parodia del lenguaje radiofónico, taurino (Rovira, 1986a) y de la retórica religiosa, escribirá:

> a vosotros pecadores
> como yo, que me avergüenzo
> de los palos que no me han dado,
> señoritos de nacimiento
> por mala conciencia escritores
> de poesía social,
> dedico también un recuerdo,
> y a la afición en general.

Hay en la poesía de Jaime Gil de Biedma un continuo acto de contrición; éste parte de una clara conciencia de que su condición social le ha jugado una irónica mala pasada y que tiene que resolver esta contradicción básica: querer ser mucho más perfecto y obrar de acuerdo a su pensamiento, y la constatación de no ser más que un personaje con el que se siente incómodo. (Esta misma contradicción, con matices diferentes, la señalaba igualmente Jean Paul Sartre en Baudelaire, en tantos sentidos —como hemos visto— compañero poético de nuestro escritor.) Y, precisamente, con la distancia irónica parecería querer exorcizar sus fantasmas personales, característica, ésta, de la ironía moderna (Hutcheon, 1985).

Ese mismo *fatum* irónico que padece el poeta se da también en su vida amorosa. Aquí aspira a un amor duradero, a una compañía física e intelectual firme, pero a la vez siente la continua llamada del deseo (y esto lo vemos con mayor explicitud en su *Diario*) hasta el punto de decirse a sí mismo, desdoblándose en un otro yo burlonamente acusador: «¡Si no fueses tan puta!» El amor mercenario, los retretes y otros lugares donde se hace el acto sexual gratuito, aparecen en su poesía como una forma de la incapacidad para controlar el impulso erótico. Y aunque nunca en su obra asoma un sentimiento de autocompasión —que él considera como «uno de los sentimientos más embarazosos para el público y más obscenos» (Campbell, 1971, 247)— o de culpabilidad por estos actos, sí se puede decir que nos enfrentamos a un personaje donde la voluntad de un tipo idealizado de amor se ve traicionada siempre por la cruda realidad.

Biedma, en su libro sobre Jorge Guillén, inserta un apartado que trata del amor como un tema literario y que es eliminado por completo cuando se vuelve a publicar este trabajo en *El pie de la letra*. Precisamente allí se refiere al amor «como una manifestación de tipo cuasiliterario» y, lo que es más interesante para nosotros, se enfoca este tema del amor desde la perspectiva de una conciencia que sabe que el destino de todo intento amoroso es el de terminar mal.

> *Pues bien, lo primero que salta a la vista, al reflexionar acerca del amor tal y como nos aparece en la literatura, es que termina mal con intranquilizadora frecuencia. La proporción de historias de amor desgraciadas, sobre todo si se dejan aparte las formas más baratas de la literatura de entretenimiento, resulta decididamente superior a la de historias de amor con desenlace risueño. Pero no es eso lo más grave. Ocurre que si acudimos a aquellas obras en que la pasión amorosa aparece con más autenticidad pintada, advertimos que el desenlace infausto era obligado, que la situación de los amantes, tal y como nos es planteada, se define precisamente por carecer de posible salida* (1970, 52).

Todo lo antes dicho se debe entender teniendo en mente el que el personaje irónico se siente siempre superior a lo ironizado, aunque sea autoironía. Y es que el decir irónico es, al cabo, un acto de libertad y, en última instancia, un sentimiento de fortaleza que le permite, al que lo profiere, el poder divertirse con lo que él mismo reconoce como sus defectos (Muecke, 1978a, 37). De igual modo, Baudelaire señalaba en el artículo anteriormente citado que: «La risa proviene de la idea de la propia superioridad.»

Esa superioridad irónica se confunde en el arte contemporáneo con el narcisismo y es un elemento central en la literatura de nuestro tiempo (Glicksberg, 1969; Frye, 1977). Es una forma de salvar la identidad propia del vacío en el que nos dejó el pensamiento filosófico desde el siglo XVIII, y cuya respuesta en los inicios de nuestro siglo fue la exaltación del caos y del absurdo en las vanguardias —y los que prolongaron éstas hasta y dentro aun de la posmodernidad. En el caso de Jaime Gil de Biedma, ese intento de salvación personal, se formula a través de un realismo irónico intimista y circunstanciado que ya nada tiene que ver con cierta actitud metafísica y patética del existencialismo.

La manipulación irónica de múltiples convenciones, la repetición con una diferencia crítica, es lo que Linda Hutcheon (1985) entiende por la parodia moderna. Por lo tanto, esta parodia moderna, sería una forma de prolongar la tradición, pero estableciendo una distancia crítica; es repetición, pero repetición que incluye la diferencia (Deleuze,

1968; Hutcheon, 1985). Este tipo de imitación, que incluye la distancia crítica e irónica, va desde la ridiculización del modelo parodiado hasta el homenaje implícito (Hutcheon, 1985).

El nuevo concepto de parodia, mucho más abarcador que el manejado teóricamente hasta ahora, ayuda a esclarecer globalmente la producción total de Jaime Gil de Biedma. Y explica ese sinnúmero de recursos (citas, préstamos, reciclajes, autocitas, etc.), de que se vale para llegar a dar a sus textos la forma, el tono y la intencionalidad deseada. El mismo Auden, como recuerda Hutcheon, escribía que en su escuela para bardos, el único ejercicio crítico que se le requeriría a los poetas sería el de escribir parodias (1968).

Sin duda Biedma asentiría con este consejo del poeta inglés, cuyos trabajos críticos, declara Jaime Gil, los leyó «ya muy tarde» (Campbell, 1971, 246). Pero no obstante, su carrera como poeta se inicia a la sombra de la poesía de Jorge Guillén; inicios que él se ha encargado de hacer desaparecer en las sucesivas ediciones de sus poesías reunidas. Para sólo dar una muestra de aquellos principios guillenianos reproduzco ahora una estrofa del poema «Colegio mayor»:

> El campo azul se aligera
> despacito de su bruma,
> se esparce un olor a hoguera:
> horizonte con espuma.

Esta deliciosa imitación en homenaje a Guillén es un excelente punto cero para ver cómo Biedma evoluciona rápidamente hacia otro tipo de imitación más paródica, más definitivamente posmoderna.

Luis García Montero menciona las fórmulas siguientes empleadas por Jaime Gil de Biedma para convertir la poesía en una operación de lectura: «una cita de autor clásico, colocada al inicio del poema, se utiliza después como parte interior y apoyatura de éste»; «cita directamente a otro poeta, más en el tono de una conversación entre amigos

29

que en el de una prosa erudita»; «eludiendo los nombres propios, se globaliza el oficio de poeta y se le concede a los versos el carácter de una frase de uso común»; «a veces se incluyen en el pome, sin aviso previo, versos, enteros, conocidos o no, de otros poetas»; «en otras ocasiones las citas no son respetadas y se manipulan gradualmente, enmascarándolas dentro de los poemas»; «cerrando el círculo, Gil de Biedma se cita a sí mismo y aprovecha su propio material anterior, convirtiéndose en referente e intérprete» (1986, 115-116).

Pere Rovira, en su excelente libro sobre la obra del poeta ha explorado las diferentes técnicas de la actitud apropicionista de Biedma. Así, cita una conferencia del autor en la que declara: «la imitación es necesaria, es la única forma de llegar a escribir poesía» (Rovira, 1986a, 175). En *Moralidades* documenta las citas literales, los cambios en el punto de vista de tópicos tradicionales, la técnica del collage que une libremente elementos de varias procedencias, la versión crítica de poemas escritos por otros autores —como es el caso de «Años triunfales» que es una parodia de la «Marcha triunfal» de Rubén Darío— el uso de estructuras de canciones populares, el paralelismo con Cernuda en un poema como «Desembarco en Citerea» —que a su vez recoge «el sentido profundo del modelo para este poema»: «Un voyage a Cythere» de Baudelaire. Y, por último, nos dice Rovira de «Pandémica y celeste» que es «quizá el mejor ejemplo del talento adaptador de nuestro poeta» (1986a, 195).

En *Poemas póstumos* Biedma sigue usando todo tipo de materiales que provienen de su experiencia como lector y de sus gustos en el ámbito popular. Esto va desde las alusiones a la obra de Dante en «Píos deseos al empezar el año»; la cita literal de Fray Luis de León en este mismo poema; la parodia de Góngora en «Epigrama votivo», al que también imita en «Un cuerpo es el mejor amigo del hombre» y el préstamo de un lema del mismo autor en *De senectute* —donde se cita un verso de Baudelaire—; el parentesco de algunos textos con otros de Cernuda; las alusiones a Quevedo; el título «Príncipe de Aquitania, en su torre abolida» que proviene de Nerval pasando por las manos de Eliot. Pero quizás lo más interesante del uso de la cita en este último libro del poeta sean las referencias a la propia obra de Jaime Gil de Biedma (Rovira, 1986a, 247-256).

Como se puede ver, desde aquella inocente imitación de Guillén en sus años de estudiante en Salamanca (1950-1951), pasa el poeta a un número mínimo de citas y uso de materiales ajenos en *Compañeros de viaje* (1959), para incrementar esta técnica en variedad y cantidad en *Moralidades* (1966), y concluir autocitándose en *Poemas póstumos* (1968). La finalidad siempre, en el uso de estos recursos, es la de potencializar la idea o intuición desarrollada en cada poema y nunca es un gratuito alarde de pedante culturalismo.

Precisamente algunos de los poetas de la generación que se inicia cuando Jaime Gil de Biedma parece dejar de escribir, imitando al imitador, caen en una grotesca petulancia culturalista que el mismo autor no duda en juzgar duramente. Así, cuando Ana María Moix, en una entrevista, le pregunta sobre los «novísimos», dice: «La antología *[Nueve novísimos]* está presentada como un intento de renovación, y la verdad: es una continuación lamentable. No rompe con nada anterior, la poesía de los novísimos sigue siendo tan provinciana como antes» (1972, 78). Y dieciséis años después, en 1988, cuando le preguntan por el panorama literario actual, declara: «No se puede ser tan imposiblemente decadente. La decadencia debería estar teñida de ironía y no lo está. La sorpresa está ausente, cuando la poesía debe ser ocurrente, incluso divertida» (Vilardebó, 1988).

A lo que se refiere Jaime Gil de Biedma es a la falta de una auténtica asimilación de la cultura que viniera a ser parte de la experiencia vital del poeta y que, una vez usada esa cultura, sirviera para expresar más adecuadamente la humana tarea de lector y autor. A pesar de la crítica sugerida por Biedma, hay que decir que hoy día ha cambiado bastante esa situación y se puede señalar que un culturalismo de signo vitalista predomina entre muchos de los es-

31

critores —Luis Antonio de Villena y el último Jenaro Talens, por ejemplo—, que empezaron a escribir cuando él dejaba de hacerlo (Siles, 1988). Y los poetas jóvenes más interesantes han vuelto, precisamente, a revalorizar la poesía de la experiencia tal y como, en general, la entiende Jaime Gil de Biedma y otros miembros de su promoción.

La mirada irónica del autor se sitúa en un espacio urbano, lugar por excelencia del artificio y que desde Baudelaire viene siendo el escenario principal de la poesía moderna. Para Biedma, el ámbito rural se desplaza a los recuerdos de la infancia y a la idea de un retiro pasajero a veces, o como futuro retiro utópico en otros casos, pero nunca protagoniza ambientalmente su poesía, que es definitivamente poesía de ciudad.

Para los poetas surrealistas españoles la ciudad venía a ser un infierno urbano, un espacio donde el artificio moderno y la angustia existencial se hacía más aguda. Cernuda se situaría en la ciudad como un paseante solitario (Bellver, 1983), una especie de *flâneur* muy parecido al que nos presentaba Baudelaire, que se sentía cómplice de la multitud, pero a la vez se apartaba de ella (Benjamin, 1967). Pero para la poesía actual la ciudad es ya otra realidad. Así, Octavio Paz, en un ensayo sobre poesía española e hispanoamericana, al referirse a la poesía escrita en los últimos cuarenta años, afirma que la característica central de esta poesía es el nacer y centrarse en la ciudad, y continúa explicando:

> La ciudad no como un horizonte ni un espectáculo, a la manera de los poetas de 1920, extasiados ante los anuncios luminosos, las estaciones de ferrocarril y los autos de carrera. Tampoco me refiero a la ciudad de Baudelaire y los simbolistas, en la que "el alumbrado de gas borra las señas del pecado original". Hablo de la ciudad contemporánea, en perpetua construcción y destrucción, novedad de hoy y ruina de pasado mañana; la ciudad vivida o, más bien, convivida en calles, plazas, autobuses, taxis, cines, restaurantes, salas de conciertos, teatros, reuniones políticas, bares, apartamentos minúsculos en edificios inmensos; la ciudad enorme y cambiante, reducida a un cuarto de unos cuantos metros cuadrados e

inacabable como una galaxia; la ciudad de la que no podemos salir nunca sin caer en otra idéntica aunque sea distinta; la ciudad, realidad inmensa y diaria que se resume en dos palabras: los otros (Paz, 1983, 87).

Sin duda esta es la ciudad en que se sitúa la poesía de Jaime Gil de Biedma; pero, a la vez, la ciudad de los poetas de la generación del 50, es una ciudad más hospitalaria y familiar que la que nos describe el mexicano. Pienso en la ciudad tal y como queda delineada como fondo en Ángel González, Carlos Barral, Francisco Brines o Claudio Rodríguez. Para ellos, como lo fue para Cernuda, la ciudad es también el recinto donde vive la pequeña burguesía con parámetros morales muy frecuentemente desdeñables, indiferentes al dolor de los otros; de ello hacen burla, dolorosa a veces, y lo critican. Biedma escribe: «Ved en cambio a los hombres que sonríen, / los hombres que aconsejan la sonrisa» («Lágrima»). Esta misma ciudad, es el lugar donde se ha ido acumulando el tiempo de su juventud y las memorias de su existencia. Por lo tanto, hay también un sentimiento nostálgico y casi amoroso que los liga a ella. Biedma escribe:

> Más, cada vez más honda
> conmigo vas, ciudad,
> como un amor hundido,
> irreparable.
>
> («Las afueras», III)

La ciudad es la vivida por el *yo*, pero es también la de los *otros* La ciudad propia que el poeta lleva dentro es la de los bares donde se reunía con sus amigos, donde «se bebe cerveza en lugares sagrados / por el uso del tiempo» («Ampliación de estudios»), la de los bares donde en las altas horas de la noche se busca algún cuerpo para hacer el amor. La ciudad personal es donde se recuerda la infancia y la familia en un paseo solitario:

> yo busco en mis paseos los tristes edificios,
> las estatuas manchadas con lápiz de labios,
> los rincones del parque pasados de moda
> en donde, por la noche, se hacen el amor...

> («Barcelona ja no és bona,
> o mi paseo solitario en primavera»)

La ciudad de los otros puede ser menos placentera: es la ciudad de una masa anónima con la cual el poeta no se siente identificado. Las masas urbanas es uno de los temas principales de la literatura de la ciudad. Fue una preocupación desde el punto de vista psicológico (Freud), social (Ortega), en la literatura desde Walt Whitman es un tema recurrente que viene a expresar *la certeza que son los otros* y, en la modernidad, la alienación y la despersonalización del ciudadano (Pike, 1981). Para Biedma la masa es a veces esa «negra humanidad» que aparece en un poema como «Albada», otras es *la foule empressée* de Nueva York en «Epístola francesa», pero también puede ser «multitudes lejanas como seres queridos» («Arte poética»).

Esta última visión de la masa aleja la poesía de Biedma de la actitud más tópica que se ha descrito al principio. Es la voz comprometida con la clase obrera la que le hace al poeta mirar desde un ángulo más positivo esa masa humana, porque a pesar de su individualismo urbano, los otros son una presencia cuyos problemas no le son indiferentes:

> He ahora el dolor
> de los otros, de muchos,
> dolor de muchos otros, dolor de tantos hombres,
> océano de hombres...

> («Lágrima»)

Tenemos aquí el mejor Jaime Gil de Biedma moral social: ese que pide que la ciudad de Barcelona un día les pertenezca a los «chavas» del sur y no a sus patrones en «Barcelona ja no és bona...».

Así, entre calles familiares y multitudes lejanas, con el

paso del tiempo la ciudad se va haciendo un espacio, que por su índole cambiante, es cada vez más ajeno. La edad aleja al poeta de los amigos y de los lugares habituales de reunión, que nuevas generaciones van ocupando. Y como cualquier otra persona, «cada uno se interna olvidadizo, / perdido en sus cuarteles solitarios / del invierno que viene...» («Las afueras», X). Con el paso del tiempo se pierde el encanto de la intensidad en la vida urbana y, con desgana, «la tarde nos empuja a ciertos bares / o entre cansados hombres en pijama» («Idilio en el café»). Pero ya, en *Poemas póstumos,* «se advierte con mayor claridad un movimiento definitivamente opuesto: el rechazo hacia las grandes ciudades, asociadas con una rutina difícilmente soportable. La casa desierta ("Ultramort") o un pueblo junto al mar *(De vita beata)* aparecen como lugares ideales para Jaime Gil de Biedma» (Jiménez Millán, 1986).

Si de hecho, como confirma la crítica y el propio autor, la mayoría de su poesía es de índole autobiográfica, es obvio que las meditaciones sobre el amor en la obra de Biedma parten de una experiencia personal más o menos modificada por la distancia temporal del acontecimiento, la alquimia poética, y la intencionalidad del texto. Y si bien se puede decir que los sentimientos amorosos expresados en su poesía son válidos para cualquier forma del amor, el modo de representar sus deseos (y la entidad personal) no hay duda de que parte y al cabo refleja una situación personal.

Desde Cernuda, el mito de la belleza juvenil sigue teniendo una gran importancia en la obra de otros poetas españoles contemporáneos como Francisco Brines y Luis Antonio de Villena, por ejemplo. En cambio, Biedma, en sus poemas eróticos, suele centrarse más bien en la idea de la presencia real e integral, de la totalidad de la compañía amorosa, que en la descripción idealista de la belleza física (aunque no faltan, como en «Pandémica y celeste», las alusiones a la «gracia» del cuerpo).

En «Un cuerpo es el mejor amigo del hombre» la ternura con que se mira a la persona amada, una vez consumado el acto sexual, es lo único que se recoge en el poema: y «ese país tranquilo / cuyos contornos son los de tu cuerpo» lo que da es «ganas de morir recordando la vida». De igual modo, el cuerpo ajeno visto en el amanecer, «aún / de la noche desnudo» («Mañana de ayer, de hoy), sirve para ser fijado en el recuerdo, sin que sea la particular belleza de aquél la que lo imprima emocionalmente en la memoria creadora.

Jaime Gil de Biedma supera el tópico neoplatónico que confunde belleza con amor, tan persistente en Cernuda, y en tanta poesía amorosa española posterior (como ya se indicó), y se inclina por un amor mucho más real, íntimo y abarcador. Un amor donde el cuerpo es más bien el poseedor de unos atributos ampliamente humanos, y no estrictamente sensuales, que mueven al poeta a desearlo en su integridad y, después, a recordarlo con una ternura muy característica de su escritura. Esto es lo que el poeta llama en «Pandémica y celeste» el «dulce amor»; aunque también se reconoce allí como un «buscador de orgasmo»; y esto lo llevará a situaciones más sórdidas y promiscuas, puramente carnales, menos memorables desde el punto de vista emocional.

En su *Diario* el apremio sexual aparece sentido, desde la más corrosiva lucidez, como una «maldita irritación erótica», como un «histerismo erótico», «fastidiosa impaciencia erótica». Esta necesidad es la que, por lo general, lo conduce a «las barras de los bares / últimos de la noche...» («Contra Jaime Gil de Biedma») y que, en «Artes de ser maduro», ya entrado en una edad de mayor serenidad, aún lo persigue:

> Todavía la vieja tentación
> de los cuerpos felices y de la juventud
> tiene atractivo para mí,
> no me deja dormir
> y esta noche me excita.

En «Himno a la juventud», un poema alegórico sobre este tema, es quizás donde encontramos una descripción más idealista del cuerpo y de la belleza —hasta se llega a mencionar a Antínoo. Pero este poema es más bien la expresión del sentimiento de haber perdido la propia juventud que la del deseo de ese cuerpo joven —aunque ambas disposiciones emocionales se confundan en el poema. De cualquier modo, la distancia puesta por la descripción retórica del cuerpo nos lo aleja de la experiencia personal.

Biedma declara a Campbell que «sólo he escrito un poema de amor» y que «los demás son poemas sobre la experiencia amorosa». Si esto es cierto, la poesía que trata este último asunto, tan abundante en su obra, sería un largo diálogo entre la idea del amor y la conciencia del autor, entre la emoción y la inteligencia, lo cual indicaría la importancia que para él tiene esa problemática dialéctica.

No sé cuál será ese solo poema de amor que Biedma ha escrito, pero lo que sí puedo decir es que «Las afueras» parece como la novela de un deseo, quizás correspondido fugazmente, y que ha marcado al joven poeta. Y ello es así, a pesar de que hay en casi todos sus fragmentos algo semejante a lo que Edmund Wilson señala respecto al libro de Auden titulado *On This Island*: «His love poems seem unreal and ambigous as if they were the products of adolescent flirtations» (1979, 669).

Más adelante en su obra, Biedma evitará esa ambigüedad poemática que posee el texto antes mencionado; por lo contrario, a través del tiempo irá creciendo una forma muy directa de tratar sobre la experiencia amorosa, aunque muy frecuentemente la salida irónica hará que se evite el vacuo sentimentalismo. Así, en «París, postal del cielo» nos habla de «la hermosa historia / de casi amor», pero pronto en el texto aparece un *It's too romantic* como para quitarle melodramatismo a la aventura. Del mismo modo, en *Happy ending,* que parece ser como una continuidad del poema antes mencionado, hay una actitud que está entre la lucidez y el cinismo respecto a una relación amorosa. En «Vals del aniversario» también se evoca el amor desde un «cuando ya no nos queremos demasiado»; y en el hotel donde ha ocurrido la escena amorosa, la aparición de «algún niño con ganglios» arruina irónicamente la situación dramática creada por el contraste entre el título y los sentimientos expresados.

La andadura poética de Jaime Gil de Biedma, en lo que a la temática amorosa se refiere, lo ha llevado de una cierta idealización adolescente del amor hasta un cinismo irónico que proviene de su firme conciencia temporalista. Y recuérdese que es éste el asunto principal de su poesía madura. Es quizás porque pronto llegó a constatar que hay «una edad del corazón» y otra «edad del cuerpo», y es así como de una manera bastante irónica se retrata en «Desembarco en Citerea»:

> No sólo desear, pero sentirse
> deseado él también. Es ese sueño,
> el mismo sueño de su adolescencia,
> cada vez más remota. Porque le apremia el tiempo,
> y en amor —él lo sabe—
> aunque no tiene aún que dar dinero
> tiene ya que dar inteligencia.

El tema del tiempo ha sido plenamente discutido por la crítica sobre Jaime Gil de Biedma y es el elemento que más une su obra con las de otros miembros de su generación y de poetas anteriores. De no ser por el aguijón de la ironía, que pone una sordina a sus reflexiones graves sobre la finitud de la experiencia humana, la poesía de Biedma se podría considerar como una continuada, intensa elegía.

En una carta escrita por el poeta a José Olivio Jiménez el 17 de abril de 1972 leemos:

> Siempre procuro reflexionar lo menos posible sobre el sentido general de mi poesía, pues creo que ese tipo de reflexiones aminoran la disponibilidad con que debe aguardar uno los poemas, pocos o muchos, que le queden por escribir. Recuerdo, sin embargo, en la época que escribía *Moralidades,* haberme divertido descubriendo la frecuencia con que el vocablo «irrealidad» y sus derivados aparecían en mis poemas. Y recuerdo haber pensado que la tentación de la irrealidad era

uno de los motivos de mi poesía —digo tentación porque la irrealidad excita en mí un movimiento siumltáneo de repulsión y de atracción.

En la obra de Biedma la realidad parece relegada a una interpretación de cierto modo marxista del mundo, ya que aquél, cuando escribió sus poemas, acariciaba aún la urgencia de un futuro mejor para España y, por lo tanto, hacía un análisis crítico de la realidad que le rodeaba, de sí mismo, y de su pasado burgués. Otro tipo de exploración de esas mismas realidades, pongamos que más freudiano, le devolvía los fundamentos de una infancia bastante placentera, las emociones juveniles del primer amor y una visión del presente que variaba entre la sensación de estar viviendo la vida intensamente y la conciencia de la fugacidad de esa misma intensidad.

La irrealidad en su poesía, no sé si en su vida, parecería provenir, en parte, de una última concesión a las reglas sociales del enmascaramiento, de la simulación, cuyo correlato más directo es la máscara poética de lo privado. En efecto, a pesar de que la crítica ha insistido en la autenticidad de su poesía, hay siempre en ésta un subterfugio, una evasión, que disfraza la experiencia personal con el antifaz de un relato que parece protagonizar un doble, otro. Dócilmente, esta misma crítica, ha usado todo tipo de eufemismos para mantener secreto ese mundo que, siendo auténtico, es sólo privado del poeta; y no me pertenece a mí el derecho de gritar «at last the secret is out».

Quizás la mejor poética de Biedma sea la «Canción final» que cierra la última edición de *Las personas del verbo:*

> Las rosas de papel no son verdad
> y queman
> lo mismo que una frente pensativa
> o el tacto de una lámina de hielo.
>
> Las rosas de papel son, en verdad,
> demasiado encendidas para el pecho.

En definitiva, la poesía de este autor viene a ser esas rosas de papel que, sin ser verdaderas, emocionan.

Los poetas norteamericanos en 1935 (como se mencionaba al principio de este ensayo) nombraban a W. H. Auden el «líder de un nuevo estilo de poesía que vendría a reemplazar el *modernism* de los años 20» (Mazzaro, 1980, 1). De igual modo, la generación española de Biedma tomaría por modelo más tarde al último Cernuda para también liberarse de la modernidad y de la torpe reacción a ésta, la poesía político-social. Al final entrábamos, así ya de pleno, en lo que desde 1946, en un artículo sobre Robert Lowell, Randall Jarrell llamaría la poesía posmoderna (Mazzaro, 1980). Y, la obra de Jaime Gil de Biedma, con la doble presencia de Auden y Cernuda, es una de las piezas más logradas de nuestra poesía española posmoderna.

* * *

La selección de los poemas de esta antología se ha hecho basándose en la última edición de *Las personas del verbo* (Barcelona, Seix Barral, 1985, 2.ª ed.). En el índice se identifican los libros del autor de donde provienen cada uno de los textos seleccionados. Sin embargo, para facilitar la lectura, se han eliminado los títulos de estos mismos libros dentro de la antología. El sistema de notas usado en la introducción remite a la «Bibliografía» donde por el año de publicación de los libros y de los ensayos se pueden verificar las fuentes.

Bibliografía

OBRAS DE JAIME GIL DE BIEDMA
Poesía

Versos a Carlos Barral, Orense, edición del autor (1952).
Según sentencia del tiempo, Barcelona, Publicaciones de la Revista Laye,
    9 (1953).
Compañeros de viaje, Barcelona, Joaquín Horta (1959).
En favor de Venus, Barcelona, Colliure (1965).
Moralidades, México, Joaquín Mortiz (1966).
Poemas póstumos, Madrid, Poesía para todos (1968).
Colección particular, Barcelona, Seix Barral (1969).
Las personas del verbo, Barcelona, Seix Barral (1975).
Antología poética, prólogo de J. Alfaya y selección de Shirley Mangini,
    Madrid, Alianza (1981).
Las personas del verbo, Barcelona, Seix Barral (1982; 1985, 2.ª ed.).
Moralidades, incluye dos poemas nuevos, «A un pintor de sociedad» y
    «Epílogo», Barcelona, Taifa (1985).

Prosa

Diario del artista seriamente enfermo, Barcelona, Lumen (1974).

Ensayo y crítica literaria

«Pedro Salinas en su poesía», *Laye,* 17 (1952).
Cántico: el mundo y la poesía de Jorge Guillén, Barcelona, Seix Barral
    (1960).
El diablo mundo. Estudiante de Salamanca, José de Espronceda, edición y
    prólogo de Jaime Gil de Biedma, Madrid, Alianza (1966).
«Pensamiento», *Camp de l'Arpa,* 37-38 (1976).

Ocnos, seguido de Variaciones sobre tema mexicano, Luis Cernuda, edición y prólogo de Jaime Gil de Biedma, Madrid, Taurus (1977).

«Acerca de porqué no escribo», *Argumentos,* 21 (1979).

El pie de la letra. Ensayos, 1955-1979, Barcelona, Crítica (1980).

Quatre quartets, T. S. Eliot, trad. de Alex Susanna, prólogo de Jaime Gil de Biedma, Barcelona, Laertes (1984).

«La imitación como mediación, o de mi Edad Media», en *Edad Media y literatura contemporánea,* ed. de Francisco Rico, Madrid, Trieste (1985).

Traducciones

ELIOT, T. S., *Función de la poesía y función de la crítica,* Barcelona, Seix Barral (1955).

ISHERWOOD, CHRISTOPHER, *Adiós a Berlín,* Barcelona, Seix Barral (1967).

ESTUDIOS SOBRE JAIME GIL DE BIEDMA

ALONSO, Dámaso, y RICO, Francisco, «Prolegómenos a un poema de Jaime Gil de Biedma», *Litoral,* 163-165 (1986).

ALFAYA, Javier, «Jaime Gil de Biedma: El camino de un poeta», *El Europeo,* 614 (1975).

— «Jaime Gil de Biedma: Una poesía humana e impura», prólogo a J. G. B., *Antología poética,* selección de Shirley Mangini, Madrid, Alianza (1981).

ALVARADO TENORIO, Harold, «Jaime Gil de Biedma», en *La poesía española contemporánea,* Bogotá, La oveja negra (1980).

AMUSCO, Alejandro, «El poeta como actor de sí mismo», *El Ciervo,* 271-272 (1975).

BARÓN, Emilio, «Cernuda, Gil de Biedma y la poesía irónica moderna», *Litoral,* 163-165 (1986).

BARES, Manuel, «Jaime Gil de Biedma; palabras de familia», *Olvidos de Granada* (Palabras para un tiempo de silencio. La poesía y la novela de la generación del 50) (1984).

BENÍTEZ REYES, Felipe, «Sobre Jaime Gil de Biedma», *Litoral,* 163-164 (1986).

BENSON, Douglas K., «La oralidad y el contexto cultural en la poesía de Jaime Gil de Biedma», *Anales de literatura española,* 6 (1988).

— «Self as Other in Jaime Gil de Biedma's *Poemas póstumos*», *Anales de la literatura española contemporánea,* en prensa.

BOURNE, Louis, «La muerte viva de un poeta social», *Libros,* 13 (1983).

CABANILLES SANCHÍS, Antonia, *La poesía de Jaime Gil de Biedma,* tesis doctoral inédita, Universidad de Valencia (1986).

CARNERO, Guillermo, «Jaime Gil de Biedma o la superación del realismo», *Ínsula,* 351 (1976).

DEBICKI, Andrew P., «Jaime Gil de Biedma: el tema de la ilusión», en *Poesía del conocimiento. La generación española de 1956-1971,* trad. de Alberto Cardín, Madrid, Júcar (1986).

FERRATÉ, Juan, «A favor de Jaime Gil de Biedma», *Si la píldora bien supiera no la doraran por de fuera,* 5 (1969).

— «Dos poetas en su mundo», en *Dinámica de la poesía,* Barcelona, Seix Barral (1969).

GARCÍA MARTÍN, José Luis, *La segunda generación poética de posguerra,* Badajoz, Departamento de Publicaciones de la Excma. Diputación (1986).

GARCÍA MONTERO, Luis, «Jaime Gil de Biedma, el juego de leer versos», *Olvidos de Granada* (Palabras para un tempo de silencio. La poesía y la novela de la generación del 50) (1984).

— «El juego de hacer versos», *Litoral,* 163-164 (1986).

GARCÍA RAMOS, Adolfo, «La perfección y el gozo», *El País* (10 de julio) (1986).

GARCÍA RAMOS, J. M., «Jaime Gil de Biedma: su tributo "social"», *Camp de l'Arpa,* 35-36 (1976).

GIMÉNEZ FRONTÍN, José Luis, «Entre sociales y novísimos: el legado poético de Jaime Gil de Biedma», *Quimera,* 32 (1982).

GIMFERRER, Pere, «La poesía de Jaime Gil de Biedma», *Cuadernos Hispanoamericanos,* LXVIII, 202 (1966).

— «La poesía de Jaime Gil de Biedma», *Destino,* 1985 (1975).

GONZÁLEZ, Ángel, y MANGINI, Shirley, «Tono y poesía: a propósito de Jaime Gil de Biedma», *Proemio,* VI, 1 (1975).

GONZÁLEZ MUELA, Joaquín, «Imágenes de Gil de Biedma», en *La Nueva poesía española,* Madrid, Alcalá (1973).

GOYTISOLO, Juan, «Notas sobre la poesía de Jaime Gil de Biedma», *Litoral,* 163-165 (1986).

JIMÉNEZ, José Olivio, «Una versión realista de la irrealidad: sobre Jaime Gil de Biedma y su libro *Moralidades* (1966)», en *Diez años de poesía española, 1960-1970,* Madrid, *Ínsula* (1972).

JIMÉNEZ MILLÁN, Antonio, «La ciudad en el tiempo. (Notas sobre la poesía de Jaime Gil de Biedma»), *Litoral,* 163-165 (1986).

LUCIO, Francisco, «Jaime Gil de Biedma», *Cuadernos Americanos,* 1 (1972).

MANGINI, Shirley, «El tiempo y el personaje poético en la obra de Jaime Gil de Biedma», *Camp de l'Arpa,* 35-36 (1976).

— *Gil de Biedma,* Madrid, Júcar (1980).

MARCO, Joaquín, «Una poesía descriptiva y moral: Jaime Gil de Biedma», en *Ejercicios literarios,* Barcelona, Táber (1969).

MASOLIVER RÓDENAS, J. A., «El don de la elegía», *Camp de l'Arpa,* 35-36 (1976).

PROVENCIO, Pedro, «Jaime Gil de Biedma», en *Poéticas españolas contemporáneas. La generación del 50,* Madrid, Hiperión (1988).

RIERA, Carme, *La escuela de Barcelona. Barral, Gil de Biedma, Goytisolo: el núcleo poético de la generación de los 50,* Barcelona, Anagrama (1988).

RODRÍGUEZ PADRÓN, Jorge, «Jaime Gil de Biedma desde sus *Poemas póstumos*», *Cuadernos Hispanoamericanos,* LXXIX, 237 (1969).

ROVIRA, Pere, «Jaime Gil de Biedma, ciència i experiència», *Avui,* «Art i lletres», *Suplemento cultural,* Any I, 33 (1981).

— *La poesía de Jaime Gil de Biedma,* Barcelona, Edicions del mall (1986a).

— «La voz ensimismada de *Poemas póstumos*», *Litoral,* 163-164 (1986b).

SALVADOR, Álvaro, «Para leer a Jaime Gil de Biedma», *Litoral,* 163-165 (1986).

SANGER, Richard, «La codificación del sueño: el héroe en la poesía de Jaime Gil de Biedma», *Litoral,* 163-165 (1986).

SEGOVIA, Tomás, «Retórica y sociedad: cuatro poetas españoles», en *Contracorrientes,* México, Universidad Nacional Autónoma (1973).

SORIA OLMEDO, Andrés, «Gil de Biedma, lector», *Litoral,* 163-165 (1986).

SUCRE, Guillermo, «La poesía del personaje. Sobre Jaime Gil de Biedma, *Las personas del verbo*», *Plural,* 56 (1976).

TORRES FIERRO, Danubio, «Sobre *Diario del artista seriamente enfermo*», *Plural,* 43 (1975).

VALANDER, James, «Gil de Biedma y la poesía de la expresión», *Litoral,* 163-164 (1986).

VILUMARA, Martín, «Jaime Gil de Biedma: el juego de hacer versos», *Camp de l'Arpa,* 29 (1976).

ENTREVISTAS CON JAIME GIL DE BIEDMA

ARMADA, Alfonso, «J. G. B.: no creo probable que escriba un verso más», *El País* (10 de diciembre) (1988).

BATLLÓ, J., «J. G. B.: el juego de hacer versos», *Camp de l'Arpa,* 100 (1982).

CAMPBELL, Federico, «J. G. B. o el paso del tiempo», en *Infame turba,* Barcelona, Lumen (1971).

Díaz, L., «G. B.: la poesía es una empresa de salvación personal», *El Correo dominical catalán,* suplemento de *El Correo Catalán* (11 de enero) (1981).

Enríquez, J. R., y Swansey, B., «Homosexualidad en la generación del 27 (Una conversación con J. G. B.)», en *El homosexual ante la sociedad enferma,* ed. de J. R. Enríquez, Barcelona, Tusquets (1978).

Galán, J., «J. G. B. con conciencia de lunes», *La estafeta literaria* (15 de marzo) (1978).

Merino, J. L., «Jaime Gil de Biedma», *Los cuadernos del Norte,* 12 (1982).

Mesquida, B., y Panero, Leopoldo María, «G. B. o la palabra sentida, sufrida y gozada», *El Viejo Topo,* 7 (1977).

Moix, Ana María, «Jaime Gil de Biedma», en *24 × 24* (Entrevistas), Barcelona, Península (1972).

«Nuevos fotogramas», «3 cerebros frente a 2 stars», *Nuevo Fotogramas,* 1250 (1972).

Prado, Benjamín, «Viaje al interior de Jaime Gil de Biedma», *Diario 16* (27 de mayo) (1989).

Susanna, Alex, «Inter pócula. (Diálogos informales con Jaime Gil de Biedma»), *Litoral,* 163-164 (1986).

Torres, Maruja, «Un sentimental incontrolado», «Suplementos» de *El País* (22 de mayo) (1983).

Vilardebó, Inmaculada, «"La poesía española actual es decadente, sin sorpresa; hace falta un poco de ironía". Jaime Gil de Biedma clausura un congreso internacional sobre Eliot», *ABC* (28 de noviembre) (1988).

Obras generales

Alcántara, Manuel, «La incorporación de la frase hecha en la poesía española», *Revista de Archivos, Bibliotecas y Museos,* 63 (1957).

Alleman, Beda, «De l'ironie en tant que principe littéraire», *Poétique,* 36 (1978).

Auden, W. H., *The Dyer's Hand,* Nueva York, Vintage (1968).

Barral, Carlos, *Años de penitencia. Memorias I,* Madrid, Alianza (1982).

— *Los años sin excusa. Memorias II,* Barcelona, Barral (1978).

— *Cuando las horas veloces. Memorias III,* Barcelona, Tusquets (1988).

Barrow, Geoffrey R., *«The Satiric Vision of Blas de Otero,* Columbia, University of Missouri Press (1988).

Baudelaire, Charles, «De la esencia de la risa y, en general, de lo cómico en las artes plásticas», en *Obras,* trad. de Nydia Lamarque, México, Aguilar (1963).

BELLVER, C. G., «La ciudad en la poesía española surrealista», *Hispania,* 66 (1983).

BENJAMIN, Walter, «Sobre algunos temas en Baudelaire», en *Ensayos escogidos,* Buenos Aires, Sur (1967).

BENSON, Douglas, «La ironía, la función del hablante y la experiencia del lector en la poesía de Ángel González», *Hispania,* 64 (1981).

BEN-PORAT, Ziva, «The Poetics of Literary Allusion», *PTL,* 1 (1976).

BERGSON, Henri, *La risa. Ensayo sobre la significación de lo cómico,* trad. de Amelia Haydée Raggio, Buenos Aires, Losada (1962).

BOOTH, Wayne, *A rhetoric of irony,* Chicago, University of Chicago Press (1974).

BOUSOÑO, Carlos, «Un ensayo de estilística explicativa (ruptura de un sistema formado por una frase hecha)», en *Homenaje universitario a Dámaso Alonso,* Madrid, Gredos (1970).

— *Teoría de la expresión poética,* Madrid, Gredos (1976).

CAÑAS, Dionisio, *Poesía y percepción (Francisco Brines, Claudio Rodríguez y José Ángel Valente),* Madrid, Hiperión (1984).

— «La posmodernidad cumple 50 años en España», en *El País* (22 de diciembre) (1985).

CARREÑO, Antonio, *La dialéctica de la identidad en la poesía contemporánea. La persona, la máscara,* Madrid, Gredos (1982).

COMPAGNON, Antoine, *La Seconde Main ou le travail de la citation,* París, Seuil (1979).

CROCE, Benedetto, *Breviario de estética,* Madrid, Espasa-Calpe (1967).

DELEUZE, Gilles, *Différence et répétition,* París, Presses Universitaires de France (1968).

DERRIDA, Jacques, «La Différence», en *Tel Quel: Théorie d'ensemble,* París, Seuil (1968).

DÍAZ-MIGOYO, Gonzalo, «El funcionamiento de la ironía», *Espiral,* 7 (1980).

DUCROT, Oswald, y TODOROV, Tzvetan, *Diccionario enciclopédico de las ciencias del lenguaje,* Buenos Aires, Siglo XXI (1975).

ENRIGHT, Dennis Joseph, *The alluring problem: an essay on irony,* Nueva York, Oxford University Press (1986).

FRANCO FERRUCI, *The poetics of disguise. The autobiography of the work in Homer, Dante, and Shakespeare,* trad. de Ann Dunnigan, Ithaca y Londres, Cornell University Press.

FINLAY, Marike, *The romantic irony of semiotics: Friedrich Schlegel and the crisis of representation,* Berlín y Nueva York, Mouton de Gruyter (1988).

FRIEDRICH, Hugo, *Estructura de la lírica moderna. De Baudelaire hasta nuestros días,* trad. de Joan Petit, Barcelona, Barral (1974).

FRYE, Northrop, *Anatomía de la crítica. Cuatro ensayos,* trad. de Edison Simons, Caracas, Monte Ávila (1977).

GARCÍA MONTERO, Luis, *Poesía, cuartel de invierno,* Granada, Diputación Provincial de Granada (1987).

GARVIN, Harry R. (ed.), *Romanticism, Modernism, Postmodernism,* Lewisburg, Pa, Bucknell University Press (1980).

GLICKSBERG, Charles I., *The ironic vision in modern literature,* The Hague, Martinus Nijhoff (1969).

GUGLIELMI, Guido, *Ironia e negazione,* Torino, Giulio Einaudi (1974).

HUTCHEON, Linda, y BUTLER, Sharon, «The Literary Semiotics of Verbal Irony: The Example of Joyce's "The Boardding House"», *Recherches sémiotiques/Semiotic Inquiry,* 1 (1981).

— *A theory od parody. The teaching of twentieth-century art forms,* Nueva York y Londres, Methuen (1985).

HANDWERK, Gary J., *Irony and ethics in narrative: from Schlegel to Lacan,* New Haven, Yale University Press (1985).

JEAN, Georges, *La poésie,* París, Seuil (1969).

JIMÉNEZ, José Olivio, «Introducción a la poesía modernista», *Antología crítica de la poesía modernista,* Madrid, Hiperión (1985).

KERBRAT-ORECCHIONI, Catherine, «Problèmes de l'ironie», *Linguistique et sémiologie,* 2 (1976).

— «L'Ironie comme trope», *Poétique,* 41 (1980).

KIERKEGAARD, Soren, *The concept of irony,* trad. de Lee M. Capel, Bloomington y Londres, Indiana University Press (1971).

KNOX, Norman, *The word irony and its context, 1500-1755,* Durha, Nc., Duke University Press (1961).

LABANYI, Jo., *Ironía e historia en Tiempo de silencio,* Madrid, Taurus (1985).

LANG, Candace, *Irony/humor: critical paradigms,* Baltimore, Johns Hopkins University Press (1988).

LANGBAUM, Robert, *The poetry of experience. The dramatic monologue in modern literary tradition,* Chicago y Londres, The University of Chicago Press (1985).

LAUSBERG, Heinrich, *Elementos de retórica literaria. Introducción al estudio de la filología clásica, románica, inglesa y alemana,* trad. de Mariano Marín Casero, Madrid, Gredos (1975).

LYOTARD, Jean-François, *La condición postmoderna. Informe sobre el saber,* trad. de Mariano Antolín Rato, Madrid, Cátedra (1986).

47

— *La posmodernidad (explicada a los niños)*, trad. de Enrique Lynch, Barcelona, Gedisa (1987).

MacLeish, Archibald, *Poetry and experience*, Boston, Houghton Mifflin (1961).

Mangini, Shirley, *Rojos y rebeldes: la cultura de la disidencia durante el franquismo*, Barcelona, Anthropos (1987).

Mazzaro, Jerome, *Postmodern American Poetry*, Urbana, University of Illinois Press (1980).

Morawski, Stefan, «The Basic Functions of Quotation», en C. H. van Schoonevelt (ed.), *Sign, Language, Culture*, The Hague, Mouton (1970).

Morris, Brian C., «"Satan's Offerings": Cities in Modern Literature», *Renaissance and Modern Studies*, 28 (1984).

Muecke, D. C., *The Compass of Irony*, Londres, Methuen (1969).

— *Irony*, Londres, Methuen (1978a).

— «Analyses de l'ironie», *Poétique*, 36 (1978b).

Palomo, María del Pilar, *La poesía en el siglo XX (desde 1939)*, Madrid, Taurus (1988).

Paz, Octavio, «Analogía e ironía», en *Los hijos del limo*, Barcelona, Seix Barral (1974).

— *Sombras de obras*, Barcelona, Seix Barral (1983).

Pike, Burton, *The Image of the City in Modern Literature*, New Jersey, Princeton University Press (1981).

Pirandello, Luigi, *L'umorismo*, Milano, Mondadori (1960).

Roster, Peter J., *La ironía como método de análisis literario: la poesía de Salvador Novo*, Madrid, Gredos (1978).

Sherzer, William M., *Juan Marsé: entre la ironía y la dialéctica*, Madrid, Fundamentos (1982).

Siles, Jaime, «Los novísimos: la tradición como ruptura, la ruptura como tradición», *Hispanorama*, 48 (1988).

Virilio, Paul, *Estética de la desaparición*, trad. de Noni Benegas, Barcelona, Anagrama (1988).

Vossius, «Rhétorique de l'ironie», *Poétique*, 36 (1978).

Warren, Robert Penn, «Pure and Impure Poetry», *Kenyon Review*, V (winter) (1943).

Weisgerber, Jean, «The Use of Quotation in Recent Literature», *Comparative Literature*, 22 (1970).

Wilde, Alan, *Horizons os Assent: Modernism, Postmodernism, and the Ironic Imagination*, Baltimore, Md., Johns Hopkins University Press (1981).

Wilson, Edmund, *The Shores of Light. A Literary Chronicle of the 1920s and 1930s*, Nueva York, Farrar Straus Giroux (1979).

Volver
(Antología)

Compañeros de viaje

AMISTAD A LO LARGO

Pasan lentos los días
y muchas veces estuvimos solos.
Pero luego hay momentos felices
para dejarse ser en amistad.
                    Mirad:
somos nosotros.

Un destino condujo diestramente
las horas, y brotó la compañía.
Llegaban noches. Al amor de ellas
nosotros encendíamos palabras,
las palabras que luego abandonamos
para subir a más:
empezamos a ser los compañeros
que se conocen
por encima de la voz o de la seña.

Ahora sí. Pueden alzarse
las gentiles palabras
—ésas que ya no dicen cosas—,
flotar ligeramente sobre el aire;
porque estamos nosotros enzarzados
en mundo, sarmentosos
de historia acumulada,
y está la compañía que formamos plena,
frondosa de presencias.
Detrás de cada uno
vela su casa, el campo, la distancia.

Pero callad.
Quiero deciros algo.

Sólo quiero deciros que estamos todos juntos.
A veces, al hablar, alguno olvida

su brazo sobre el mío,
y yo aunque esté callado doy las gracias,
porque hay paz en los cuerpos y en nosotros.
Quiero deciros cómo todos trajimos
nuestras vidas aquí, para contarlas.
Largamente, los unos con los otros
en el rincón hablamos, tantos meses!
que nos sabemos bien, y en el recuerdo
el júbilo es igual a la tristeza.
Para nosotros el dolor es tierno.

Ay el tiempo! Ya todo se comprende.

LAS AFUERAS

III

Ciudad
       ya tan lejana!

Lejana junto al mar: tardes de puerto
y desamparo errante de los muelles.
Se obstinarán crecientes las mareas
por las horas de allá.

Y serán un rumor,
un pálpito que puja endormeciéndose,
cuando asoman las luces de la noche
sobre el mar.

Más, cada vez más honda
conmigo vas, ciudad,
como un amor hundido,
irreparable.

A veces ola y otra vez silencio.

X

Nos reciben las calles conocidas
y la tarde empezada, los cansados
castaños cuyas hojas, obedientes,
ruedan bajo los pies del que regresa,
preceden, acompañan nuestros pasos.
Interrumpiendo entre la muchedumbre
de los que a cada instante se suceden,
bajo la prematura opacidad

del cielo, que converge hacia su término,
cada uno se interna olvidadizo,
perdido en sus cuarteles solitarios
del invierno que viene. ¿Recordáis
la destreza del vuelo de las aves,
el júbilo y los juegos peligrosos,
la intensidad de cierto instante, quietos
bajo el cielo más alto que el follaje?
Si por lo menos alguien se acordase,
si alguien súbitamente acometido
se acordase... La luz usada deja
polvo de mariposa entre los dedos.

ARTE POÉTICA

A Vicente Aleixandre

La nostalgia del sol en los terrados,
en el muro color paloma de cemento
—sin embargo tan vívido— y el frío
repentino que casi sobrecoge.

La dulzura, el calor de los labios a solas
en medio de la calle familiar
igual que un gran salón, donde acudieran
multitudes lejanas como seres queridos.

Y sobre todo el vértigo del tiempo,
el gran boquete abriéndose hacia dentro del alma
mientras arriba sobrenadan promesas
que desmayan, lo mismo que si espumas.

Es sin duda el momento de pensar
que el hecho de estar vivo exige algo,
acaso heroicidades —o basta, simplemente,
alguna humilde cosa común

cuya corteza de materia terrestre
tratar entre los dedos, con un poco de fe?
Palabras, por ejemplo.
Palabras de familia gastadas tibiamente.

IDILIO EN EL CAFÉ

Ahora me pregunto si es que toda la vida
hemos estado aquí. Pongo, ahora mismo,
la mano ante los ojos —qué latido
de la sangre en los párpados— y el vello
inmenso se confunde, silencioso,
a la mirada. Pesan las pestañas.

No sé bien de qué hablo. ¿Quiénes son,
rostros vagos nadando como en un agua pálida,
éstos aquí sentados, con nosotros vivientes?
La tarde nos empuja a ciertos bares
o entre cansados hombres en pijama.

Ven. Salgamos fuera. La noche. Queda espacio
arriba, más arriba, mucho más que las luces
que iluminan a ráfagas tus ojos agrandados.
Queda también silencio entre nosotros,
silencio
          y este beso igual que un largo túnel.

AUNQUE SEA UN INSTANTE

Aunque sea un instante, deseamos
descansar. Soñamos con dejarnos.
No sé, pero en cualquier lugar
con tal de que la vida deponga sus espinas.

Un instante, tal vez. Y nos volvemos
atrás, hacia el pasado engañoso cerrándose
sobre el mismo temor actual, que día a día
entonces también conocimos.

                        Se olvida
pronto, se olvida el sudor tantas noches,
la nerviosa ansiedad que amarga el mejor logro
llevándonos a él de antemano rendidos
sin más que ese vacío de llegar,
la indiferencia extraña de lo que ya está hecho.

Así que a cada vez que este temor,
el eterno temor que tiene nuestro rostro
nos asalta, gritamos invocando el pasado
—invocando un pasado que jamás existió—

para creer al menos que de verdad vivimos
y que la vida es más que esta pausa inmensa,
vertiginosa,
cuando la propia vocación, aquello
sobre lo cual fundamos un día nuestro ser,
el nombre que le dimos a nuestra dignidad
vemos que no era más
que un desolador deseo de esconderse.

RECUERDA

Hermosa vida que pasó y parece
ya no pasar...
          Desde este instante, ahondo
sueños en la memoria: se estremece
la eternidad del tiempo allá en el fondo.
Y de repente un remolino crece
que me arrastra sorbido hacia un trasfondo
de sima, donde va, precipitado,
para siempre sumiéndose el pasado.

MUERE EUSEBIO

A mis hermanas

Nos lo dijeron al volver a casa. Estabas
mirándonos, caído en la sillita del planchero,
con los ojos atónitos del que acaba de ver
la inexplicable proximidad de la muerte

y casi no se queja. Te ofrecimos
algunas vagas frases que hicieran compañía,
cualquier cosa, porque estabas ya solo
definitivamente. Cuánto hubiese querido

ser el mismo de entonces... Volveríamos
todos, corriente arriba, para darte
aunque fuera no más que una palabra
de humanidad, un poco de calor. ¡Si fuese

igual como las tardes y el Pinar
del Jinete, con humo y viento seco!
Cuando sólo entendíamos
la sonrisa adorable de tus dientes sucios

y tus manos deformes como pan
para nosotros, en mitad del mundo:
un mundo inexplicable lo mismo que tu muerte
—nuestra infancia en los años de la guerra civil.

NOCHES DEL MES DE JUNIO

A Luis Cernuda

Alguna vez recuerdo
ciertas noches de junio de aquel año,
casi borrosas, de mi adolescencia
(era en mil novecientos me parece
cuarenta y nueve)
                    porque en ese mes
sentía siempre una inquietud, una angustia pequeña
lo mismo que el calor que empezaba,
                                    nada más
que la especial sonoridad del aire
y una disposición vagamente afectiva.

Eran las noches incurables
                          y la calentura.
Las altas horas de estudiante solo
y el libro intempestivo
junto al balcón abierto de par en par (la calle
recién regada desaparecía
abajo, entre el follaje iluminado)
sin un alma que llevar a la boca.

Cuántas veces me acuerdo
de vosotras, lejanas
noches del mes de junio, cuántas veces
me saltaron las lágrimas, las lágrimas
por ser más que un hombre, cuánto quise
morir
      o soñé con venderme al diablo,
que nunca me escuchó.
                      Pero también
la vida nos sujeta porque precisamente
no es como la esperábamos.

VALS DE ANIVERSARIO

Nada hay tan dulce como una habitación
para dos, cuando ya no nos queremos demasiado,
fuera de la ciudad, en un hotel tranquilo,
y parejas dudosas y algún niño con ganglios,

si no es esta ligera sensación
de irrealidad. Algo como el verano
en casa de mis padres, hace tiempo,
como viajes en tren por la noche. Te llamo

para decir que no te digo nada
que tú ya no conozcas, o si acaso
para besarte vagamente
los mismos labios.

Has dejado el balcón.
Ha oscurecido el cuarto
mientras que nos miramos tiernamente, incómodos
de no sentir el peso de tres años.

Todo es igual, parece
que no fue ayer. Y este sabor nostálgico,
que los silencios ponen en la boca,
posiblemente induce a equivocarnos

en nuestros sentimientos. Pero no
sin alguna reserva, porque por debajo
algo tira más fuerte y es (para decirlo
quizá de un modo menos inexacto)

difícil recordar que nos queremos,
si no es con cierta imprecisión, y el sábado,

que es hoy, queda tan cerca
de ayer a última hora y de pasado

mañana
por la mañana...

INFANCIA Y CONFESIONES

A Juan Goytisolo

Cuando yo era más joven
(bueno, en realidad, será mejor decir
muy joven)
        algunos años antes
de conoceros y
recién llegado a la ciudad,
a menudo pensaba en la vida.
                Mi familia
era bastante rica y yo estudiante.

Mi infancia eran recuerdos de una casa
con escuela y despensa y llave en el ropero,
de cuando las familias
acomodadas,
        como su nombre indica,
veraneaban infinitamente
en *Villa Estefanía* o en *La Torre
del Mirador*
        y más allá continuaba el mundo
con senderos de grava y cenadores
rústicos, decorado de hortensias pomposas,
todo ligeramente egoísta y caduco.
Yo nací (perdonadme)
en la edad de la pérgola y el tenis.

La vida, sin embargo, tenía extraños límites
y lo que es más extraño: una cierta tendencia
retráctil.
        Se contaban historias penosas,
inexplicables sucedidos
dónde no se sabía, caras tristes,

sótanos fríos como templos.

                       Algo sordo
perduraba a lo lejos
y era posible, lo decían en casa,
quedarse ciego de un escalofrío.

De mi pequeño reino afortunado
me quedó esta costumbre de calor
y una imposible propensión al mito.

AMPLIACIÓN DE ESTUDIOS

En la vieja ciudad
llena de niños góticos, en donde diminutas
confiterías peregrinas
ejercen el oficio de placer furtivo
y se bebe cerveza en lugares sagrados
por el uso del tiempo, aunque quizá es más dulce
pasearse a lo largo del río,

allí precisamente viví los meses últimos
en mi vida de joven sin trabajo
y con algún dinero.
                           Puede que un día cuente
quel lait pur, que de soins y cuántos sacrificios
me han hecho hijo dos veces de unos padres propicios.
Pero ésa es otra historia,
                           voy a hablaros
del producto acabado,
o sea: yo,
tal y como he sido en aquel tiempo.

¿Os ha ocurrido a veces
—de noche sobre todo—, cuando consideráis
vuestro estado y pensáis en momentos vividos,
sobresaltaros de lo poco que importan?
Las equivocaciones, y lo mismo los aciertos,
y las vacilaciones en las horas de insomnio
no carecen de un cierto interés retrospectivo
tal vez sentimental,
                           pero la acción,
el verdadero argumento de la historia,
uno cae en la cuenta de que fue muy distinto.

Así de aquellos meses,
que viví en una crisis de expectación heroica,

me queda sobre todo la conciencia
de una pequeña falsificación.
Y si recuerdo ahora,
en las mañanas de cristales lívidos,
justamente después de que la niebla
rezagada empezaba a ceder,
                              cuando las nubes
iban quedándose hacia el valle,
junto a la vía férrea,
y el gorgoteo de la alcantarilla
despertaba los pájaros en el jardín,
y yo me asomaba para ver a lo lejos
la ciudad, sintiendo todavía
la irritación y el frío de la noche
gastada en no dormir,
                              si ahora recuerdo,

esa efusión imprevista, esa imperiosa
revelación de otro sentido posible, más profundo
que la injusticia o el dolor, esa tranquilidad
de absolución, que yo sentía entonces,
¿no eran sencillamente la gratificación furtiva
del burguesito en rebeldía
que ya sueña con verse
tel qu'en Lui-même enfin l'éternité le change?

DE AHORA EN ADELANTE

Como después de un sueño,
no acertaría
a decir en qué instante sucedió.
                                Llamaban.
Algo, ya comenzado, no admitía espera.

Me sentí extraño al principio,
lo reconozco —tantos años
que pasaron igual que si en la luna...
Decir exactamente qué buscaba,
mi esperanza cuál fue, no me es posible
decirlo ahora,
                    porque en un instante
determinado todo vaciló: llamaban.
Y me sentí cercano.
Un poco de aire libre,
algo tan natural como un rumor
crece si se le escucha de repente.

Pero ya desde ahora siempre será lo mismo.
Porque de pronto el tiempo se ha colmado
y no da para más. Cada mañana
trae, como dice Auden, verbos irregulares
que es preciso aprender, o decisiones
penosas y que aguardan examen.
                                Todavía
hay quien cuenta conmigo. Amigos míos,
o mejor: compañeros, necesitan,
quieren lo mismo que yo quiero
y me quieren a mí también, igual
que yo me quiero.

Así que apenas puedo recordar
qué fue de varios años de mi vida,
o adónde iba cuando desperté
y no me encontré solo.

LOS APARECIDOS

Fue esta mañana misma,
en mitad de la calle.

              Yo esperaba
con los demás, al borde de la señal de cruce,
y de pronto he sentido como un roce ligero,
como casi una súplica en la manga.
                    Luego,
mientras precipitadamente atravesaba,
la visión de unos ojos terribles, exhalados
yo no sé desde qué vacío doloroso.

Ocurre que esto sucede
demasiado a menudo.
              Y sin embargo,
al menos en algunos de nosotros,
queda una estela de malestar furtivo,
un cierto sentimiento de culpabilidad.
                   Recuerdo
también, en una hermosa tarde
que regresaba a casa... Una mujer
se desplomó a mi lado replegándose
sobre sí misma, silenciosamente
y con una increíble lentitud —la tuve
por las axilas, un momento el rostro,
viejo, casi pegado al mío.
Luego, sin comprender aún,
incorporó unos ojos donde nada
se leía, sino la pura privación
que me daba las gracias.
                Me volví
penosamente a verla calle abajo.

No sé cómo explicarlo, es
lo mismo que si todo,
lo mismo que si el mundo alrededor
estuviese parado
pero continuase en movimiento
cínicamente, como
si nada, como si nada fuese verdad.
Cada aparición
que pasa, cada cuerpo en pena
no anuncia muerte, dice que la muerte estaba
ya entre nosotros sin saberlo.

                      Vienen
de allá, del otro lado del fondo sulfuroso,
de las sordas
minas del hambre y de la multitud.
Y ni siquiera saben quién son:
desenterrados vivos.

LÁGRIMA

No veían la lágrima.

Inmóvil
en el centro de la visión, brillando,
demasiado pesada para rodar por mejilla de hombre,
inmensa,
decían que una nube, pretendían, querían
no verla
sobre la tierra oscurecida,
brillar sobre la tierra oscurecida.

Ved en cambio a los hombres que sonríen,
los hombres que aconsejan la sonrisa.
Vedlos
presurosos, que acuden.
Frente a la sorda realidad
peroran, recomiendan, imponen confianza.
Solícitos, ofrecen sus servicios. Y sonríen,
sonríen.
            Son los viles
propagandistas diplomados
de la sonrisa sin dolor, los curanderos
sin honra.

La lágrima refleja
sólo un brillo furtivo
que apenas espejea.
La descubre la sed,
apenas, de los ojos
sobre los doloridos
utensilios humanos
—igual como descubre
el río que, invisible,
espejea en las hojas

movidas—, pero a veces
en cambio, levantada,
manifiesta, terrible,
es un mar encendido
que hace daño a los ojos,
y su brillo feroz
y dura transparencia
se ensaña en la sonrisa
barata de esos hombres
ciegos, que aún sonríen
como ventanas rotas.

He ahora el dolor
de los otros, de muchos,
dolor de muchos otros, dolor de tantos hombres,
océanos de hombres que los siglos arrastran
por los siglos, sumiéndose en la historia.
Dolor de tantos seres injuriados,
rechazados, retrocedidos al último escalón,
pobres bestias
que avanzan derrengándose por un camino hostil,
sin saber dónde van o quién les manda,
sintiendo a cada paso detrás suyo ese ahogado resuello
y en la nuca ese vaho caliente que es el vértigo
del instinto, el miedo a la estampida,
animal adelante, hacia adelante, levantándose
para caer aún, para rendirse
al fin, de bruces, y entregar
el alma porque ya
no pueden más con ella.

Así es el mundo
y así los hombres. Ved
nuestra historia, ese mar,
ese inmenso depósito de sufrimiento anónimo,
ved cómo se recoge
todo en él: injusticias
calladamente devoradas, humillaciones, puños
a escondidas crispados

y llantos, conmovedores llantos inaudibles
de los que nada esperan ya de nadie...
Todo, todo aquí se recoge, se atesora, se suma
bajo el silencio oscuramente,
germina
para brotar adelgazado en lágrima,
lágrima transparente igual que un símbolo,
pero reconcentrada, dura, diminuta
como gota explosiva, como estrella
libre, terrible por los aires, fulgurante, fija,
único pensamiento de los que la contemplan
desde la tierra oscurecida,
desde esta tierra todavía oscurecida.

PIAZZA DEL POPOLO

(Habla María Zambrano)

Fue una noche como ésta.
Estaba el balcón abierto
igual que hoy está, de par
en par. Me llegaba el denso
olor del río cercano
en la oscuridad. Silencio.
Silencio de multitud,
impresionante silencio
alrededor de una voz
que hablaba: presentimiento
religioso era el futuro.
Aquí en la Plaza del Pueblo
se oía latir —y yo,
junto a ese balcón abierto,
era también un latido
escuchando. Del silencio,
por encima de la plaza,
creció de repente un trueno
de voces juntas. Cantaban.
Y yo cantaba con ellos.
Oh sí, cantábamos todos
otra vez, qué movimiento,
qué revolución de soles
en el alma! Sonrieron
rostros de muertos amigos
saludándome a lo lejos
borrosos —pero qué jóvenes,
qué jóvenes sois los muertos!—
y una entera muchedumbre
me prorrumpió desde dentro
toda en pie. Bajo la luz

de un cielo puro y colérico
era la misma canción
en las plazas de otro pueblo,
era la misma esperanza,
el mismo latido inmenso
de un solo ensordecedor
corazón a voz en cuello.
Sí, reconozco esas voces
cómo cantaban. Me acuerdo.
Aquí en el fondo del alma
absorto, sobre lo trémulo
de la memoria desnuda,
todo se está repitiendo.
Y vienen luego las noches
interminables, el éxodo
por la derrota adelante,
hostigados, bajo el cielo
que ansiosamente los ojos
interrogan. Y de nuevo
alguien herido, que ya
le conozco en el acento,
alguien herido pregunta,
alguien herido pregunta
en la oscuridad. Silencio.
A cada instante que irrumpe
palpitante, como un eco
más interior, otro instante
responde agónico.
                          Cierro
los ojos, pero los ojos
del alma siguen abiertos
hasta el dolor. Y me tapo
los oídos y no puedo
dejar de oír estas voces
que me cantan aquí dentro.

CANCIÓN PARA ESE DÍA

He aquí que viene el tiempo de soltar palomas
en mitad de las plazas con estatua.
Van a dar nuestra hora. De un momento
a otro, sonarán campanas.

Mirad los tiernos nudos de los árboles
exhalarse visibles en la luz
recién inaugurada. Cintas leves
de nube en nube cuelgan. Y guirnaldas

sobre el pecho del cielo, palpitando,
son como el aire de la voz. Palabras
van a decirse ya. Oíd. Se escucha
rumor de pasos y batir de alas.

Moralidades

BARCELONA JA NO ÉS BONA, O MI PASEO SOLITARIO EN PRIMAVERA

A Fabián Estapé

> Este despedazado anfiteatro,
> ímpio honor de los dioses, cuya afrenta
> publica el amarillo jaramago,
> ya reducido a trágico teatro,
> ¡oh fábula del tiempo! representa
> cuánta fue su grandeza y es su estrago.
>
> RODRIGO CARO

En los meses de aquella primavera
pasaron por aquí seguramente
más de una vez.
Entonces, los dos eran muy jóvenes
y tenían el Chrysler amarillo y negro.
Los imagino al mediodía, por la avenida de los tilos,
la capota del coche salpicada de sol,
o quizá en Miramar, llegando a los jardines,
mientras que sobre el fondo del puerto y la ciudad
se mecen las sombrillas del restaurante al aire libre,
y las conversaciones, y la música,
fundiéndose al rumor de los neumáticos
sobre la grava del paseo.
                              Sólo por un instante
se destacan los dos a pleno sol
con los trajes que he visto en las fotografías:
él examina un coche muchísimo más caro
—un Duesemberg *sport* con doble parabrisas,
bello como una máquina de guerra—
y ella se vuelve a mí, quizá esperándome,
y el vaivén de las rosas de la pérgola
parpadea en la sombra
de sus pacientes ojos de embarazada.
Era en el año de la Exposición.

Así yo estuve aquí
dentro del vientre de mi madre,
y es verdad que algo oscuro, que algo anterior me trae
por estos sitios destartalados.
Más aún que los árboles y la naturaleza
o que el susurro del agua corriente
furtiva, reflejándose en las hojas
—y eso que ya a mis años
se empieza a agradecer la primavera—,
yo busco en mis paseos los tristes edificios,
las estatuas manchadas con lápiz de labios,
los rincones del parque pasados de moda
en donde, por la noche, se hacen el amor...
Y a la nostalgia de una edad feliz
y de dinero fácil, tal como la contaban,
se mezcla un sentimiento bien distinto
que aprendí de mayor,
                            este resentimiento
contra la clase en que nací,
y que se complace también al ver mordida,
ensuciada la feria de sus vanidades
por el tiempo y las manos del resto de los hombres.

Oh mundo de mi infancia, cuya mitología
se asocia —bien lo veo—
con el capitalismo de empresa familiar!
Era ya un poco tarde
incluso en Cataluña, pero la *pax* burguesa
reinaba en los hogares y en las fábricas,
sobre todo en las fábricas — Rusia estaba muy lejos
y muy lejos Detroit.
Algo de aquel momento queda en estos palacios
y en estas perspectivas desiertas bajo el sol,
cuyo destino ya nadie recuerda.

Todo fue una ilusión, envejecida
como la maquinaria de sus fábricas,
o como la casa en Sitges, o en Caldetas,
heredada también por el hijo mayor.

Sólo montaña arriba, cerca ya del castillo,
de sus fosos quemados por los fusilamientos,
dan señales de vida los murcianos.
Y yo subo despacio por las escalinatas
sintiéndome observado, tropezando en las piedras
en donde las higueras agarran sus raíces,
mientras oigo a estos chavas nacidos en el Sur
hablarse en catalán, y pienso, a un mismo tiempo,
en mi pasado y en su porvenir.

Sean ellos sin más preparación
que su instinto de vida
más fuertes al final que el patrón que les paga
y que el *salta-taulells* que les desprecia:
que la ciudad les pertenezca un día.
Como les pertenece esta montaña,
este despedazado anfiteatro
de las nostalgias de una burguesía.

APOLOGÍA Y PETICIÓN

Y qué decir de nuestra madre España,
este país de todos los demonios
en donde el mal gobierno, la pobreza
no son, sin más, pobreza y mal gobierno
sino un estado místico del hombre,
la absolución final de nuestra historia?

De todas las historias de la Historia
sin duda la más triste es la de España,
porque temina mal. Como si el hombre,
harto ya de luchar con sus demonios,
decidiese encargarles el gobierno
y la administración de su pobreza.

Nuestra famosa inmemorial pobreza,
cuyo origen se pierde en las historias
que dicen que no es culpa del gobierno
sino terrible maldición de España,
triste precio pagado a los demonios
con hambre y con trabajo de sus hombres.

A menudo he pensado en esos hombres,
a menudo he pensado en la pobreza
de este país de todos los demonios.
Y a menudo he pensado en otra historia
distinta y menos simple, en otra España
en donde sí que importa un mal gobierno.

Quiero creer que nuestro mal gobierno
es un vulgar negocio de los hombres
y no una metafísica, que España
debe y puede salir de la pobreza,

que es tiempo aún para cambiar su historia
antes que se la lleven los demonios.

Porque quiero creer que no hay demonios.
Son hombres los que pagan al gobierno,
los empresarios de la falsa historia,
son hombres quienes han vendido al hombre,
los que le han convertido a la pobreza
y secuestrado la salud de España.

Pido que España expulse a esos demonios.
Que la pobreza suba hasta el gobierno.
Que sea el hombre el dueño de su historia.

NOCHE TRISTE DE OCTUBRE, 1959

A Juan Marsé

Definitivamente
parece confirmarse que este invierno
que viene, será duro.

Adelantaron
las lluvias, y el Gobierno,
reunido en consejo de ministros,
no se sabe si estudia a estas horas
el subsidio de paro
o el derecho al despido,
o si sencillamente, aislado en un océano,
se limita a esperar que la tormenta pase
y llegue el día, el día en que, por fin,
las cosas dejen de venir mal dadas.

En la noche de octubre,
mientras leo entre líneas el periódico,
me he parado a escuchar el latido
del silencio en mi cuarto, las conversaciones
de los vecinos acostándose,
                              todos esos rumores
que recobran de pronto una vida
y un significado propio, misterioso.

Y he pensado en los miles de seres humanos,
hombres y mujeres que en este mismo instante,
con el primer escalofrío,
han vuelto a preguntarse por sus preocupaciones,
por su fatiga anticipada,
por su ansiedad para este invierno,

mientras que afuera llueve.
Por todo el litoral de Cataluña llueve
con verdadera crueldad, con humo y nubes bajas,
ennegreciendo muros,
goteando fábricas, filtrándose
en los talleres mal iluminados.
Y el agua arrastra hacia la mar semillas
incipientes, mezcladas en el barro,
árboles, zapatos cojos, utensilios
abandonados y revuelto todo
con las primeras Letras protestadas.

ALBADA

Despiértate. La cama está más fría
y las sábanas sucias en el suelo.
Por los montantes de la galería
      llega el amanecer,
con su color de abrigo de entretiempo
      y liga de mujer.

Despiértate pensando vagamente
que el portero de noche os ha llamado.
Y escucha en el silencio: sucediéndose
hacia lo lejos, se oyen enronquecer
los tranvías que llevan al trabajo.
      Es el amanecer.

Irán amontonándose las flores
cortadas, en los puestos de las Ramblas,
y silbarán los pájaros —cabrones—
desde los plátanos, mientras que ven volver
la negra humanidad que va a la cama
      después de amanecer.

Acuérdate del cuarto en que has dormido.
Entierra la cabeza en las almohadas,
sintiendo aún la irritación y el frío
      que da el amanecer
junto al cuerpo que tanto nos gustaba
      en la noche de ayer,

y piensa en que debieses levantarte.
Piensa en la casa todavía oscura
donde entrarás para cambiar de traje,
y en la oficina, con sueño que vencer,

y en muchas otras cosas que se anuncian
                desde el amanecer.

Aunque a tu lado escuches el susurro
de otra respiración. Aunque tú busques
el poco de calor entre sus muslos
medio dormido, que empieza a estremecer.
Aunque el amor no deje de ser dulce
                hecho al amanecer.

—Junto al cuerpo que anoche me gustaba
tanto desnudo, déjame que encienda
la luz para besarse cara a cara,
                en el amanecer.
Porque conozco el día que me espera,
                y no por el placer.

CONVERSACIONES POÉTICAS

(Formentor, mayo de 1959)

A Carlos Barral, amante de la estatua

Predominaba un sentimiento
de general jubilación.
                    Abrazos,
inesperadas preguntas de amistad
y la salutación
de algún maestro
—borrosamente afín a su retrato
en la Antología de Gerardo Diego—
nos recibieron al entrar.
                    Llegábamos,
después de un viaje demasiado breve,
de otro mundo quizá no más real
pero sin duda menos pintoresco.

Y algo de nuestro invierno, de sus preocupaciones
y de sus precauciones, seguramente se notaba
en nosotros aun cuando alcanzamos
el fondo de la estancia, donde un hombre muy joven,
de pie, nos esperaba silencioso
junto a los grandes ventanales.
Alguien nos presentó
por nuestros nombres, mientras que dábamos las gracias.
Y enseguida salimos al jardín.

A la orilla del mar,
entre geranios,
en el pequeño pabellón bajo los pinos
las conversaciones empezaban.
Sólo muy vagamente

recuerdo lo que hablamos —la imprecisión de hablar,
la sensación de hablar y oír hablar
es lo que me ha quedado, sobre todo.
Y las pausas pesadas como presentimientos,
las imágenes sueltas
del mar ensombreciéndose, pintado en la ventana,
y de la agitación silenciosa de los pinos
en el atardecer, captada unos instantes.
Hasta que al fin las luces se encendieron.

De noche, la terraza estaba aún tibia
y era dulce dejarse junto al mar,
con la luna y la música
difuminando los jardines, el Hotel apagado
en donde los famosos ya dormían.
Quedábamos los jóvenes.
                          No sé si la bebida
sola nos exaltó, puede que el aire,
la suavidad de la naturaleza
que hacía más lejanas nuestras voces,
menos reales, cuando rompinos a cantar.
Fue entonces ese instante de la noche
que se confunde casi con la vida.
Alguien bajó a besar los labios de la estatua
blanca, dentro en el mar, mientras que vacilábamos
contra la madrugada. Y yo pedí,
grité que por favor que no volviéramos
nunca, nunca jamás a casa.

Por supuesto, volvimos.
Es invierno otra vez, y mis ideas
sobre cualquier posible paraíso
me parece que están bastante claras
mientras escribo este poema
                              pero,
para qué no admitir que fui feliz,
que a menudo me acuerdo?

En estas otras noches de noviembre,
negras de agua, cuando se oyen bocinas
de barco, entre dos sueños, uno piensa
en lo que queda de esos días:
algo de luz y un poco de calor
intermitente,
como una brasa de antracita.

PARÍS, POSTAL DEL CIELO

Ahora, voy a contaros
cómo también yo estuve en París, y fui dichoso.

Era en los buenos años de mi juventud,
los años de abundancia
del corazón, cuando dejar atrás padres y patria
es sentirse más libre para siempre, y fue
en verano, aquel verano
de la huelga y las primeras canciones de Brassens,
y de la hermosa historia
de casi amor.

Aún vive en mi memoria aquella noche,
recién llegado. Todavía contemplo,
bajo el Pont Saint Michel, de la mano, en silencio,
la gran luna de agosto suspensa entre las torres
de Notre Dame, y azul
de un imposible el río tantas veces soñado
—*It's too romantic,* como tú me dijiste
al retirar los labios.

¿En qué sitio perdido
de tu país, en qué rincón de Norteamérica
y en el cuarto de quién, a las horas más feas,
cuando sueñes morir no te importa en qué brazos,
te llegará, lo mismo
que ahora a mí me llega, ese calor de gentes
y la luz de aquel cielo rumoroso
tranquilo, sobre el Sena?

Como sueño vivido hace ya mucho tiempo,
como aquella canción
de entonces, así vuelve al corazón,

en un instante, en una intensidad, la historia
de nuestro amor,
confundiendo los días y sus noches,
los momentos felices,
los reproches

y aquel viaje —camino de la cama—
en un vagón del Metro Étoile-Nation.

MAÑANA DE AYER, DE HOY

Es la lluvia sobre el mar.
  En la abierta ventana,
contemplándola, descansas
  la sién en el cristal.

Imagen de unos segundos,
  quieto en el contraluz,
tu cuerpo distinto, aún
  de la noche desnudo.

Y te vuelves hacia mí,
  sonriéndome. Yo pienso
en cómo ha pasado el tiempo,
  y te recuerdo así.

DÍAS DE PAGSANJÁN

Como los sueños, más allá
   de la idea del tiempo,
hechos sueños de sueño os llevo,
   días de Pagsanján.

En el calor, tras la espesura,
   vuelve el río a latir
moteado, como un reptil.
   Y en la atmósfera oscura

bajo los árboles en flor,
   —relucientes, mojados,
cuando a la noche nos bañábamos—
   los cuerpos de los dos.

VOLVER

Mi recuerdo eran imágenes,
en el instante, de ti:
esa expresión y un matiz
de los ojos, algo suave

en la inflexión de tu voz,
y tus bostezos furtivos
de lebrel que ha maldormido
la noche en mi habitación.

Volver, pasados los años,
hacia la felicidad
—para verse y recordar
que yo también he cambiado.

LOCA

La noche, que es siempre ambigua,
   te enfurece —color
de ginebra mala, son
   tus ojos unas bichas.

Yo sé que vas a romper
   en insultos y en lágrimas
histéricas. En la cama,
   luego, te calmaré

con besos que me da pena
   dártelos. Y al dormir
te apretarás contra mí
   como una perra enferma.

LA NOVELA DE UN JOVEN POBRE

Se llamaba Pacífico,
Pacífico Ricaport,
de Santa Rita en Pampanga,
en el centro de Luzón,

y todavía le quedaba
un ligero acento pampangueño
cuando se impacientaba
y en los momentos tiernos,

precisamente al recordar,
compadecido de sí mismo,
desde sus años de capital
su infancia de campesino,

en las noches laborables
—más acá del bien y el mal—
de las barras de los bares
de la calle de Isaac Peral,

porque era pobre y muy sensible,
y guapo además, que es peor,
sobre todo en los países
sin industrialización,

y eran vagos sus medios de vida
lo mismo que sus historias,
que sus dichas y desdichas
y sus llamadas telefónicas.

Cuántas noches suspirando
en el local ya vacío,

vino a sentarse a mi lado
y le ofrecí un cigarrillo.

En esas horas miserables
en que nos hacen compañía
hasta las manchas de nuestro traje,
hablábamos de la vida

y el pobre se lamentaba
de lo que hacían con él:
«Me han echado a patadas
de tantos cuartos de hotel...»

Adónde habrás ido a parar,
Pacífico, viejo amigo,
tres años más viejo ya?
Debes tener veinticinco.

CANCIÓN DE ANIVERSARIO

Porque son ya seis años desde entonces,
porque no hay en la tierra, todavía,
nada que sea tan dulce como una habitación
para dos, si es tuya y mía;
porque hasta el tiempo, ese pariente pobre
que conoció mejores días,
parece hoy partidario de la felicidad,
cantemos, alegría!

Y luego levantémonos más tarde,
como domingo. Que la mañana plena
se nos vaya en hacer otra vez el amor,
pero mejor: de otra manera
que la noche no puede imaginarse,
mientras el cuarto se nos puebla
de sol y vecindad tranquila, igual que el tiempo,
y de historia serena.

El eco de los días de placer,
el deseo, la música acordada
dentro en el corazón, y que yo he puesto apenas
en mis poemas, por romántica;
todo el perfume, todo el pasado infiel,
lo que fue dulce y da nostalgia,
¿no ves cómo se sume en la realidad que entonces
soñabas y soñaba?

La realidad —no demasiado hermosa—
con sus inconvenientes de ser dos,
sus vergonzosas noches de amor sin deseo
y de deseo sin amor,
que ni en seis siglos de dormir a solas
las pagaríamos. Y con

sus transiciones vagas, de la traición al tedio,
del tedio a la traición.

La vida no es un sueño, tú ya sabes
que tenemos tendencia a olvidarlo.
Pero un poco de sueño, no más, un si es no es
por esta vez, callándonos
el resto de la historia, y un instante
—mientras que tú y yo nos deseamos
feliz y larga vida en común—, estoy seguro
que no puede hacer daño.

UN DÍA DE DIFUNTOS

Ahora que han pasado nueve meses
y que el invierno quedó atrás,
en estas tardes últimas de julio
pesarosas, cuando la luz color de acero
nos refugia en los sótanos,
quiero yo recordar un cielo azul de octubre
puro y profundo de Madrid,
y un día dedicado a la mejor memoria
de aquellos, cuyas vidas
son materia común,
sustancia y fundamento de nuestra libertad
más allá de los límites estrechos de la muerte.

Éramos unos cuantos
intelectuales, compañeros jóvenes,
los que aquella mañana lentamente avanzábamos
entre la multitud, camino de los cementerios,
pasada ya la hilera de los cobrizos álamos
y los desmontes suavizados
por el continuo régimen de lluvias,
hacia el lugar en que la carretera
recta apuntaba al corazón del campo.

Donde nos detuvimos,
junto a las grandes verjas historiadas,
a mirar el gran río de la gente
por la avenida al sol, que se arremolinaba
para luego perderse en los rincones
de la Sacramental, entre cipreses.
Aunque nosotros íbamos más lejos.

Sólo unos pocos pasos
nos separaban ya.

Y entramos uno a uno, en silencio,
como si aquel recinto
despertase en nosotros un sentimiento raro,
mezcla de soledad,
de solidaridad, que no recuerdo nunca
haber sentido en otro cementerio.

Porque no éramos muchos, es verdad,
en el campo sin cruces donde unos españoles
duermen aparte el sueño,
encomendados sólo a la esperanza humana,
a la memoria y las generaciones,
pero algo había uniéndonos a todos.
Algo vivo y humilde después de tantos años,
como aquellas cadenas de claveles rojos
dejadas por el pueblo
al pie del monumento a Pablo Iglesias,
como aquellas palabras:
te acuerdas, María, cuántas banderas...
dichas en voz muy baja por una voz de hombre.
Y era la afirmación de aquel pasado,
la configuración de un porvenir
distinto y más hermoso.
                          Bajo la luz, al aire
libre del extrarradio, allí permanecíamos
no sé cuántos instantes
una pequeña multitud callada.

Ahora que han pasado nueve meses,
a vosotros, paisanos
del pueblo de Madrid, intelectuales,
pintores y escritores amigos,
mientras fuera oscurece imperceptiblemente,
quiero yo recordaros.
Porque pienso que en todos la imagen de aquel día,
la visión de aquel sol
y de aquella cabeza de español yacente
vivirán como un símbolo, como una invocación
apasionada hacia el futuro, en los momentos malos.

100

AÑOS TRIUNFALES

> ... y la más hermosa
> sonríe al más fiero de los vencedores.
>
> RUBÉN DARÍO

Media España ocupaba España entera
con la vulgaridad, con el desprecio
total de que es capaz, frente al vencido,
un intratable pueblo de cabreros.

Barcelona y Madrid eran algo humillado.
Como una casa sucia, donde la gente es vieja,
la ciudad parecía más oscura
y los Metros olían a miseria.

Con luz de atardecer, sobresaltada y triste,
se salía a las calles de un invierno
poblado de infelices gabardinas
a la deriva, bajo el viento.

Y pasaban figuras mal vestidas
de mujeres, cruzando como sombras,
solitarias mujeres adiestradas
—viudas, hijas o esposas—

en los modos peores de ganar la vida
y suplir a sus hombres. Por la noche,
las más hermosas sonreían
a los más insolentes de los vencedores.

PEEPING TOM

Ojos de solitario, muchachito atónito
que sorprendí mirándonos
en aquel pinarcillo, junto a la Facultad de Letras,
hace más de once años,

al ir a separarme,
todavía atontado de saliva y de arena,
después de revolcarnos los dos medio vestidos,
felices como bestias.

Tu recuerdo, es curioso
con qué reconcentrada intensidad de símbolo,
va unido a aquella historia,
mi primera experiencia de amor correspondido.

A veces me pregunto qué habrá sido de ti.
Y si ahora en tus noches junto a un cuerpo
vuelve la vieja escena
y todavía espías nuestros besos.

Así me vuelve a mí desde el pasado,
como un grito inconexo,
la imagen de tus ojos. Expresión
de mi propio deseo.

DESPUÉS DE LA NOTICIA DE SU MUERTE

Aun más que en sus poemas, en las breves
cartas que me escribiera
se retrataba esa reserva suya
voluntariosa, y a la vez atenta.

Y gusté de algo raro en nuestro tiempo,
que es la virtud —clásicamente bella—
de soportar la injuria de los años
con dignidad y fuerza.

Tras sus últimos versos, en vida releídos,
para él, por nosotros, una vejez serena
imaginé de luminosos días
bajo un cielo de México, claro como el de Grecia.

El sueño que él soñó en su juventud
y mi sueño de hablarle, antes de que muriera,
viven vida inmortal en el espíritu
de esa palabra impresa.

Su poesía, con la edad haciéndose
más hermosa, más seca:
mi pena resumida en un título de libro:
Desolación de la Quimera.

INTENTO FORMULAR MI EXPERIENCIA
DE LA GUERRA

Fueron, posiblemente,
los años más felices de mi vida,
y no es extraño, puesto que a fin de cuentas
no tenía los diez.

Las víctimas más tristes de la guerra
los niños son, se dice.
Pero también es cierto que es una bestia el niño:
si le perdona la brutalidad
de los mayores, él sabe aprovecharla,
y vive más que nadie
en ese mundo demasiado simple,
tan parecido al suyo.

Para empezar, la guerra
fue conocer los páramos con viento,
los sembrados de gleba pegajosa
y las tardes de azul, celestes y algo pálidas,
con los montes de nieve sonrosada a lo lejos.
Mi amor por los inviernos mesetarios
es una consecuencia
de que hubiera en España casi un millón de muertos.

A salvo en los pinares
—pinares de la Mesa, del Rosal, del Jinete!—,
el miedo y el desorden de los primeros días
eran algo borroso, con esa irrealidad
de los momentos demasiado intensos.
Y Segovia parecía remota
como una gran ciudad, era ya casi el frente
—o por lo menos un lugar heroico,
un sitio con tenientes de brazo en cabestrillo

que nos emocionaba visitar: la guerra
quedaba allí al alcance de los niños
tal y como la quieren.
A la vuelta, de paso por el puente Uñés,
buscábamos la arena removida
donde estaban, sabíamos, los cinco fusilados.
Luego la lluvia los desenterró,
los llevó río abajo.

Y me acuerdo también de una excursión a Coca,
que era el pueblo de al lado,
una de esas mañanas que la luz
es aún, en el aire, relámpago de escarcha,
pero que anuncian ya la primavera.
Mi recuerdo, muy vago, es sólo una imagen,
una nítida imagen de la felicidad
retratada en un cielo
hacia el que se apresura la torre de la iglesia,
entre un nimbo de pájaros.
Y los mismos discursos, los gritos, las canciones
eran como promesas de otro tiempo mejor,
nos ofrecían
un billete de vuelta al siglo diez y seis.
Qué niño no lo acepta?

Cuando por fin volvimos
a Barcelona, me quedó unos meses
la nostalgia de aquello, pero me acostumbré.
Quien me conoce ahora
dirá que mi experiencia
nada tiene que ver con mis ideas,
y es verdad. Mis ideas de la guerra cambiaron
después, mucho después
de que hubiera empezado la postguerra.

ELEGÍA Y RECUERDO DE LA CANCIÓN FRANCESA

> C'est une chanson
> qui nous ressemble.
>
> Kosma y Prévert, *Les feuilles mortes*

Os acordáis: Europa estaba en ruinas.
Todo un mundo de imágenes me queda de aquel tiempo
descoloridas, hiriéndome los ojos
con los escombros de los bombardeos.
En España la gente se apretaba en los cines
y no existía la calefacción.

Era la paz —después de tanta sangre—
que llegaba harapienta, como la conocimos
los españoles durante cinco años.
Y todo un continente empobrecido,
carcomido de historia y de mercado negro,
de repente nos fue más familiar.

¡Estampas de la Europa de postguerra
que parecen mojadas en lluvia silenciosa,
ciudades grises adonde llega un tren
sucio de refugiados: cuántas cosas
de nuestra historia próxima trajisteis, despertando
la esperanza en España, y el temor!

Hasta el aire de entonces parecía
que estuviera suspenso, como si preguntara,
y en las viejas tabernas de barrio
los vencidos hablaban en voz baja...
Nosotros, los más jóvenes, como siempre esperábamos
algo definitivo y general.

Y fue en aquel momento, justamente
en aquellos momentos de miedo y esperanzas
—tan irreales, ay— que apareciste,
oh rosa de lo sórdido, manchada
creación de los hombres, arisca, vil y bella
canción francesa de mi juventud!

Eras lo no esperado que se impone
a la imaginación, porque es así la vida,
tú que cantabas la heroicidad canalla,
el estallido de las rebeldías
igual que llamaradas, y el miedo a dormir solo,
la intensidad que aflige al corazón.

Cuánto enseguida te quisimos todos!
En tu mundo de noches, con el chico y la chica
entrelazados, de pie en un quicio oscuro,
en la sordina de tus melodías,
un eco de nosotros resonaba exaltándonos
con la nostalgia de la rebelión.

Y todavía, en la alta noche, solo,
con el vaso en la mano, cuando pienso en mi vida,
otra vez más *sans faire du bruit* tus músicas
suenan en la memoria, como una despedida:
parece que fue ayer y algo ha cambiado.
Hoy no esperamos la revolución.

Desvencijada Europa de postguerra
con la luna asomando tras las ventanas rotas,
Europa anterior al milagro alemán,
imagen de mi vida, melancólica!
Nosotros, los de entonces, ya no somos los mismos,
aunque a veces nos guste una canción.

DESEMBARCO EN CITEREA

A Elaine y Tony

Como la luz, la música
tiene una calidad fosforescente y suave
de sueño recordado. Cerca el mar
y la noche tranquila sobre el gran paseo
le esperan, avivándole
la rara y tenue sensación de estar
que se siente en las islas y en los bares.

De vivir en la arena, bajo el sol,
son nobles esos cuerpos
y capaces de hacer llorar de amor
a una nube sin agua, en los que el beso
deja un sabor de sal en la saliva,
gusto de libertad que hace soñar
y sobrexcita al extranjero.

Cuando vaya a dormir,
a solas y muy tarde, la nostalgia
sucederá a la envidia y al deseo.
Nostalgia de una edad del corazón,
y de otra edad del cuerpo,
para de noche inventar en las playas
el mundo, de dos en dos.

No sólo desear, pero sentirse
deseado él también. Es ese sueño,
el mismo sueño de su adolescencia,
cada vez más remoto. Porque le apremia el tiempo,
y en amor —él lo sabe—
aunque no tiene aún que dar dinero
tiene ya que dar inteligencia.

Mañana por la noche sin luna, sobre el mar,
volando hacia su casa,
irá con él la imagen de estos cuerpos
dorados. Y en su imprecisa gracia
sentirá que le inquieta un reproche,
doloroso y trivial como el recuerdo
de una deuda olvidada.

EN UNA DESPEDIDA

A Jimmy Baldwin

Tardan las cartas y son poco
para decir lo que uno quiere.
Después pasan los años, y la vida
(demasiado confusa para explicar por carta)
nos hará más perdidos.
Los unos en los otros, iguales a las sombras
al fondo de un pasillo desvayéndonos,
viviremos de luz involuntaria
pero sólo un instante, porque ya el recuerdo
será como un puñado de conchas recogidas,
tan hermoso en sí mismo que no devuelve nunca
las palmeras felices y el mar trémulo.

Todo fue hace minutos: dos amigos
hemos visto tu rostro terriblemente serio
queriendo sonreír.
              Has desaparecido.
Y estamos los dos solos y en silencio,
en medio de este día de domingo,
bellísimo de mayo, con matrimonios jóvenes
y niños excitados que gritaban
al levantarse tu avión.
Ahora las montañas parecen más cercanas.
Y por primera vez,
pensamos en nosotros.

A solas con tu imagen,
cada cual se conoce por este sentimiento
de cansancio, que es dulce —como un brillo de lágrimas
que empaña la memoria de estos días,
esta extraña semana.

Y el mal que nos hacemos,
como el que a ti te hicimos, lo inevitablemente
amargo de esta vida en la que siempre, siempre,
somos peores que nosotros mismos,
acaso resucite un viejo sueño
sabido y olvidado.
El sueño de ser buenos y felices.

Porque sueño y recuerdo tienen fuerza
para obligar la vida,
aunque sean no más que un límite imposible.
Si este mar de proyectos
y tentativas naufragadas,
este torpe tapiz a cada instante
tejido y destejido,
esta guerra perdida,
nuestra vida,
da de sí alguna vez un sentimiento digno,
un acto verdadero,
en él tú estarás para siempre asociado
a mi amigo y a mí. No te habremos perdido.

RIBERA DE LOS ALISOS

Los pinos son más viejos.
                              Sendero abajo,
sucias de arena y rozaduras
igual que mis rodillas cuando niño,
asoman las raíces.
Y allá en el fondo el río entre los álamos
completa como siempre este paisaje
que yo quiero en el mundo,
mientras que me devuelve su recuerdo
entre los más primeros de mi vida.

Un pequeño rincón en el mapa de España
que me sé de memoria, porque fue mi reino.
Podría imaginar
que no ha pasado el tiempo,
lo mismo que a seis años, a esa edad
en que el dormir descansa verdaderamente,
con los ojos cerrados
y despierto en la cama, las mañanas de invierno,
imaginaba un día del verano anterior.
                                   Con el olor
profundo de los pinos.
Pero están estos cambios apenas perceptibles,
en las raíces, o en el sendero mismo,
que me fuerzan a veces a deshacer lo andado.
Están estos recuerdos, que sirven nada más
para morir conmigo.

Por lo menos la vida en el colegio
era un indicio de lo que es la vida.
Y sin embargo, son estas imágenes
—una noche a caballo, el nacimiento
terriblemente impuro de la luna,

o la visión del río apareciéndose
hace ya muchos años, en un mes de setiembre,
la exaltación y el miedo de estar solo
cuando va a atardecer—,
antes que otras ningunas,
las que vuelven y tienen un sentido
que no sé bien cuál es.
                            La intensidad
de un fogonazo, puede que solamente,
y también una antigua inclinación humana
por confundir belleza y significación.

Imágenes hermosas de una historia
que no es toda la historia.
Demasiado me acuerdo de los meses de octubre,
de las vueltas a casa ya de noche, cantando,
con el viento de otoño cortándonos los labios,
y de la excitación en el salón de arriba
junto al fuego encendido, cuando eran familiares
el ritmo de la casa y el de las estaciones,
la dulzura de un orden artificioso y rústico,
como los personajes
en el papel de la pared.

Sueño de los mayores, todo aquello.
Sueño de su nostalgia de otra vida más noble,
de otra edad exaltándoles
hacia una eternidad de grandes fincas,
más allá de su miedo a morir ellos solos.
Así fui, desde niño, acostumbrado
al ejercicio de la irrealidad,
y todavía, en la melancolía
que de entonces me queda,
hay rencor de conciencia engañada,
resentimiento demasiado vivo
que ni el silencio y la soledad lo calman,
aunque acaso también algo más hondo
traigan al corazón.
                        Como el latido

de los pinares, al pararse el viento,
que se preparan para oscurecer.

Algo que ya no es casi sentimiento,
una disposición
de afinidad profunda
con la naturaleza y con los hombres,
que hasta la idea de morir parece
bella y tranquila. Igual que este lugar.

PANDÉMICA Y CELESTE

quam magnus numerus Libyssae arenae
. . . .
aut quam sidera multa, cum tacet nox,
furtiuos hominun uident amores.

CATULO, VII

Imagínate ahora que tú y yo
muy tarde ya en la noche
hablemos hombre a hombre, finalmente.
Imagínatelo,
en una de esas noches memorables
de rara comunión, con la botella
medio vacía, los ceniceros sucios,
y después de agotado el tema de la vida.
Que te voy a enseñar un corazón,
un corazón infiel,
desnudo de cintura para abajo,
hipócrita lector —*mon semblable,* —*mon frère!*

Porque no es la impaciencia del buscador de orgasmo
quien me tira del cuerpo hacia otros cuerpos
a ser posible jóvenes:
yo persigo también el dulce amor,
el tierno amor para dormir al lado
y que alegre mi cama al despertarse,
cercano como un pájaro.
¡Si yo no puedo desnudarme nunca,
si jamás he podido entrar en unos brazos
sin sentir —aunque sea nada más que un momento—
igual deslumbramiento que a los veinte años!

Para saber de amor, para aprenderle,
haber estado solo es necesario.
Y es necesario en cuatrocientas noches

—con cuatrocientos cuerpos diferentes—
haber hecho el amor. Que sus misterios,
como dijo el poeta, son del alma,
pero un cuerpo es el libro en que se leen.

Y por eso me alegro de haberme revolcado
sobre la arena gruesa, los dos medio vestidos,
mientras buscaba ese tendón del hombro.
Me conmueve el recuerdo de tantas ocasiones...
Aquella carretera de montaña
y los bien empleados abrazos furtivos
y el instante indefenso, de pie, tras el frenazo,
pegados a la tapia, cegados por las luces.
O aquel atardecer cerca del río
desnudos y riéndonos, de yedra coronados.
O aquel portal en Roma —en vía del Babuino.
Y recuerdos de caras y ciudades
apenas conocidas, de cuerpos entrevistos,
de escaleras sin luz, de camarotes,
de bares, de pasajes desiertos, de prostíbulos,
y de infinitas casetas de baños,
de fosos de un castillo.
Recuerdos de vosotras, sobre todo,
oh noches en hoteles de una noche,
definitivas noches en pensiones sórdidas,
en cuartos recién fríos,
noches que devolvéis a vuestros huéspedes
un olvidado sabor a sí mismos!
La historia en cuerpo y alma, como una imagen rota,
de la langueur goutée à ce mal d'être deux.
Sin despreciar
—alegres como fiesta entre semana—
las experiencias de promiscuidad.

Aunque sepa que nada me valdrían
trabajos de amor disperso
si no existiese el verdadero amor.

Mi amor,
          íntegra imagen de mi vida,
sol de las noches mismas que le robo.

Su juventud, la mía,
—música de mi fondo—
sonríe aún en la imprecisa gracia
de cada cuerpo joven,
en cada encuentro anónimo,
iluminándolo. Dándole un alma.
Y no hay muslos hermosos
que no me hagan pensar en sus hermosos muslos
cuando nos conocimos, antes de ir a la cama.

Ni pasión de una noche de dormida
que pueda compararla
con la pasión que da el conocimiento,
los años de experiencia
de nuestro amor.
                    Porque en amor también
es importante el tiempo,
y dulce, de algún modo,
verificar con mano melancólica
su perceptible paso por un cuerpo
—mientras que basta un gesto familiar
en los labios,
o la ligera palpitación de un miembro,
para hacerme sentir la maravilla
de aquella gracia antigua,
fugaz como un reflejo.

Sobre su piel borrosa,
cuando pasen más años y al final estemos,
quiero aplastar los labios invocando
la imagen de su cuerpo
y de todos los cuerpos que una vez amé
aunque fuese un instante, deshechos por el tiempo.

Para pedir la fuerza de poder vivir
sin belleza, sin fuerza y sin deseo,
mientras seguimos juntos
hasta morir en paz, los dos,
como dicen que mueren los que han amado mucho.

EL JUEGO DE HACER VERSOS

El juego de hacer versos
—que no es un juego— es algo
parecido en principio
al placer solitario.

Con la primera muda,
en los años nostálgicos
de nuestra adolescencia,
a escribir empezamos.

Y son nuestros poemas
del todo imaginarios
—demasiado inexpertos
ni siquiera plagiamos—

porque la Poesía
es un ángel abstracto
y, como todos ellos,
predispuesto a halagarnos.

El arte es otra cosa
distinta. El resultado
de mucha vocación
y un poco de trabajo.

Aprender a pensar
en renglones contados
—y no en los sentimientos
con que nos exaltábamos—,

tratar con el idioma
como si fuera mágico

es un buen ejercicio,
que llega a emborracharnos.

Luego está el instrumento
en su punto afinado:
la mejor poesía
es el Verbo hecho tango.

Y los poemas son
un modo que adoptamos
para que nos entiendan
y que nos entendamos.

Lo que importa explicar
es la vida, los rasgos
de su filantropía,
las noches de sus sábados.

La manera que tiene
sobre todo en verano
de ser un paraíso.
Aunque, de cuando en cuando,

si alguna de esas noches
que las carga el diablo
uno piensa en la historia
de estos últimos años,

si piensa en esta vida
que nos hace pedazos
de madera podrida,
perdida en un naufragio,

la conciencia le pesa
—por estar intentando
persuadirse en secreto
de que aún es honrado.

El juego de hacer versos,
que no es un juego, es algo
que acaba pareciéndose
al vicio solitario.

Poemas póstumos

PÍOS DESEOS AL EMPEZAR EL AÑO

Pasada ya la cumbre de la vida,
justo del otro lado, yo contemplo
un paisaje no exento de belleza
en los días de sol, pero en invierno inhóspito.
Aquí sería dulce levantar la casa
que en otros climas no necesité,
aprendiendo a ser casto y estar solo.
Un orden de vivir, es la sabiduría.
Y qué estremecimiento,
purificado, me recorrería
mientras que atiendo al mundo
de otro modo mejor, menos intenso,
y medito a las horas tranquilas de la noche,
cuando el tiempo convida a los estudios nobles,
el severo discurso de las ideologías
—o la advertencia de las constelaciones
en la bóveda azul...
Aunque el placer del pensamiento abstracto
es lo mismo que todos los placeres:
reino de juventud.

CONTRA JAIME GIL DE BIEDMA

De qué sirve, quisiera yo saber, cambiar de piso,
dejar atrás un sótano más negro
que mi reputación —y ya es decir—,
poner visillos blancos
y tomar criada,
renunciar a la vida de bohemio,
si vienes luego tú, pelmazo,
embarazoso huésped, memo vestido con mis trajes,
zángano de colmena, inútil, cacaseno,
con tus manos lavadas,
a comer en mi plato y a ensuciar la casa?

Te acompañan las barras de los bares
últimos de la noche, los chulos, las floristas,
las calles muertas de la madrugada
y los ascensores de luz amarilla
cuando llegas, borracho,
y te paras a verte en el espejo
la cara destruida,
con ojos todavía violentos
que no quieres cerrar. Y si te increpo,
te ríes, me recuerdas el pasado
y dices que envejezco.

Podría recordarte que ya no tienes gracia.
Que tu estilo casual y que tu desenfado
resultan truculentos
cuando se tienen más de treinta años,
y que tu encantadora
sonrisa de muchacho soñoliento
—seguro de gustar— es un resto penoso,
un intento patético.
Mientras que tú me miras con tus ojos

de verdadero huérfano, y me lloras
y me prometes ya no hacerlo.

Si no fueses tan puta!
Y si yo no supiese, hace ya tiempo,
que tú eres fuerte cuando yo soy débil
y que eres débil cuando me enfurezco...
De tus regresos guardo una impresión confusa
de pánico, de pena y descontento,
y la desesperanza
y la impaciencia y el resentimiento
de volver a sufrir, otra vez más,
la humillación imperdonable
de la excesiva intimidad.

A duras penas te llevaré a la cama,
como quien va al infierno
para dormir contigo.
Muriendo a cada paso de impotencia,
tropezando con muebles
a tientas, cruzaremos el piso
torpemente abrazados, vacilando
de alcohol y de sollozos reprimidos.
Oh innoble servidumbre de amar seres humanos,
y la más innoble
que es amarse a sí mismo!

NOSTALGIE DE LA BOUE

Nuevas disposiciones de la noche,
sórdidos ejercicios al dictado, lecciones del deseo
que yo aprendí, pirata,
oh joven pirata de los ojos azules.

En calles resonantes la oscuridad tenía
todavía la misma espesura total
que recuerdo en mi infancia.
Y dramáticas sombras, revestidas
con el prestigio de la prostitución,
a mi lado venían de un infierno
grasiento y sofocante como un cuarto de máquinas.

¡Largas últimas horas,
en mundos amueblados
con deslustrada loza sanitaria
y cortinas manchadas de permanganato!
Como un operario que pule una pieza,
como un afilador,
fornicar poco a poco mordiéndome los labios.

Y sentirse morir por cada pelo
de gusto, y hacer daño.

La luz amarillenta, la escalera
estremecida toda de susurros, mis pasos,
eran aún una prolongación
que me exaltaba,
lo mismo que el olor en las manos
—o que al salir el frío de la madrugada, intenso
como el recuerdo de una sensación.

NO VOLVERÉ A SER JOVEN

Que la vida iba en serio
uno lo empieza a comprender más tarde
—como todos los jóvenes, yo vine
a llevarme la vida por delante.

Dejar huella quería
y marcharme entre aplausos
—envejecer, morir, eran tan sólo
las dimensiones del teatro.

Pero ha pasado el tiempo
y la verdad desagradable asoma:
envejecer, morir,
es el único argumento de la obra.

PRÍNCIPE DE AQUITANIA, EN SU TORRE ABOLIDA

Una clara conciencia de lo que ha perdido,
es lo que le consuela. Se levanta
cada mañana a fallecer, discurre por estancias
en donde sordamente duele el tiempo
que se detuvo, la herida mal cerrada.
Dura en ningún lugar este otro mundo,
y vuelve por la noche en las paradas
del sueño fatigoso... Reino suyo
dorado, cuántas veces
por él pregunta en la mitad del día,
con el temor de olvidar algo!
Las horas, largo viaje desabrido.
La historia es un instante preferido,
un tesoro en imágenes, que él guarda
para su necesaria consulta con la muerte.
Y el final de la historia es esta pausa.

DESPUÉS DE LA MUERTE
DE JAIME GIL DE BIEDMA

En el jardín, leyendo,
la sombra de la casa me oscurece las páginas
y el frío repentino de final de agosto
hace que piense en ti.

El jardín y la casa cercana
donde pían los pájaros en las enredaderas,
una tarde de agosto, cuando va a oscurecer
y se tiene aún el libro en la mano,
eran, me acuerdo, símbolo tuyo de la muerte.
Ojalá en el infierno
de tus últimos días te diera esta visión
un poco de dulzura, aunque no lo creo.

En paz al fin conmigo,
puedo ya recordarte
no en las horas horribles, sino aquí
en el verano del año pasado,
cuando agolpadamente
—tantos meses borradas—
regresan las imágenes felices
traídas por tu imagen de la muerte...
Agosto en el jardín, a pleno día.

Vasos de vino blanco
dejados en la hierba, cerca de la piscina,
calor bajo los árboles. Y voces
que gritan nombres,
                        Ángel,
Juan, María Rosa, Marcelino, Joaquina
—Joaquina de pechitos de manzana.
Tú volvías riendo del teléfono

anunciando más gente que venía:
te recuerdo correr,
la apagada explosión de tu cuerpo en el agua.

Y las noches también de libertad completa
en la casa espaciosa, toda para nosotros
lo mismo que un convento abandonado,
y la nostalgia de puertas secretas,
aquel correr por las habitaciones,
buscar en los armarios
y divertirse en la alternancia
de desnudo y disfraz, desempolvando
batines, botas altas y calzones,
arbitrarias escenas,
viejos sueños eróticos de nuestra adolescencia,
muchacho solitario.
                    Te acuerdas de Carmina,
de la gorda Carmina subiendo la escalera
con el culo en pompa
y llevando en la mano un candelabro?

Fue un verano feliz.
                    ...*El último verano*
de nuestra juventud, dijiste a Juan
en Barcelona al regresar
nostálgicos,
y tenías razón. Luego vino el invierno,
el infierno de meses
y meses de agonía
y la noche final de pastillas y alcohol
y vómito en la alfombra.
                    Yo me salvé escribiendo
después de la muerte de Jaime Gil de Biedma.

De los dos, eras tú quien mejor escribía.
Ahora sé hasta qué punto tuyos eran
el deseo de ensueño y la ironía,
la sordina romántica que late en los poemas
míos que yo prefiero, por ejemplo en *Pandémica*...

130

A veces me pregunto
cómo será sin ti mi poesía.

Aunque acaso fui yo quien te enseñó.
Quien te enseñó a vengarte de mis sueños,
por cobardía, corrompiéndolos.

ARTES DE SER MADURO

A José Antonio

Todavía la vieja tentación
de los cuerpos felices y de la juventud
tiene atractivo para mí,
no me deja dormir
y esta noche me excita.

Porque alguien contó historias
de pescadores en la playa,
cuando vuelven: la raya del amanecer
marcando, lívida, el límite del mar,
y asan sardinas frescas
en espetones, sobre la arena.
Lo imagino enseguida.
Y me coge un deseo de vivir
y ver amanecer, acostándome tarde,
que no está en proporción con la edad que ya tengo.

Aunque quizás alivie despertarse
a otro ritmo, mañana.
                    Liberado
de las exaltaciones de esta noche,
de sus fantasmas en *blue jeans*.

Como libros leídos han pasado los años
que van quedando lejos, ya sin razón de ser
—obras de otro momento.
                        Y el ansia de llorar
y el roce de la sábana, que me tenía inquieto
en las odiosas noches de verano,
el lujo de impaciencia y el don de la elegía
y el don de disciplina aplicada al ensueño,

mi fe en la gran historia...
Soldado de la guerra perdida de la vida,
mataron mi caballo, casi no lo recuerdo.
Hasta que me estremece
un ramalazo de sensualidad.

Envejecer tiene su gracia.
Es igual que de joven
aprender a bailar, plegarse a un ritmo
más insistente que nuestra inexperiencia.
Y procura también cierto instintivo
placer curioso,
una segunda naturaleza.

AMOR MÁS PODEROSO QUE LA VIDA

La misma calidad que el sol en tu país,
saliendo entre las nubes:
alegre y delicado matiz en unas hojas,
fulgor en un cristal, modulación
del apagado brillo de la lluvia.

La misma calidad que tu ciudad,
tu ciudad de cristal innumerable
idéntica y distinta, cambiada por el tiempo:
calles que desconozco y plaza antigua
de pájaros poblada,
la plaza en que una noche nos besamos.

La misma calidad que tu expresión,
al cabo de los años,
esta noche al mirarme:
la misma calidad que tu expresión
y la expresión herida de tus labios.

Amor que tiene calidad de vida,
amor sin exigencia de futuro,
presente del pasado,
amor más poderoso que la vida:
perdido y encontrado.
Encontrado, perdido...

HIMNO A LA JUVENTUD

Heu quantum per se candida forma valet!

PROPERCIO, II, xxix, 30

A qué vienes ahora,
juventud,
encanto descarado de la vida?
Qué te trae a la playa?
Estábamos tranquilos los mayores
y tú vienes a herirnos, reviviendo
los más temibles sueños imposibles,
tú vienes para hurgarnos las imaginaciones.

De las ondas surgida,
toda brillos, fulgor, sensación pura
y ondulaciones de animal latente,
hacia la orilla avanzas
con sonrosados pechos diminutos,
con nalgas maliciosas lo mismo que sonrisas,
oh diosa esbelta de tobillos gruesos,
y con la insinuación
(tan propiamente tuya)
del vientre dando paso al nacimiento
de los muslos: belleza delicada,
precisa e indecisa,
donde posar la frente derramando lágrimas.

Y te vemos llegar — figuración
de un fabuloso espacio ribereño
con toros, caracolas y delfines,
sobre la arena blanda, entre la mar y el cielo,
aún trémula de gotas,
deslumbrada de sol y sonriendo.

Nos anuncias el reino de la vida,
el sueño de otra vida, más intensa y más libre,
sin deseo enconado como un remordimiento
—sin deseo de ti, sofisticada
bestezuela infantil, en quien coinciden
la directa belleza de la *starlet*
y la graciosa timidez del príncipe.

Aunque de pronto frunzas
la frente que atormenta un pensamiento
conmovedor y obtuso,
y volviendo hacia el mar tu rostro donde brilla
entre mojadas mechas rubias
la expresión melancólica de Antínoos,
oh bella indiferente,
por la playa camines como si no supieses
que te siguen los hombres y los perros,
los dioses y los ángeles,
y los arcángeles,
los tronos, las abominaciones...

DE VITA BEATA

En un viejo país ineficiente,
algo así como España entre dos guerras
civiles, en un pueblo junto al mar,
poseer una casa y poca hacienda
y memoria ninguna. No leer,
no sufrir, no escribir, no pagar cuentas,
y vivir como un noble arruinado
entre las ruinas de mi inteligencia.

NOTAS A LOS POEMAS RECOGIDOS
EN ESTA ANTOLOGÍA

Estas notas han sido elaboradas en parte sobre la información que he podido recoger en los trabajos de José Luis García Martín, Luis García Montero, Shirley Mangini, Pere Rovira y algunos de los textos en prosa y las entrevistas del autor. Dado el cariz paródico (tal y como defino este concepto en la introducción) de gran parte de la obra de Biedma, es prácticamente imposible señalar las fuentes más o menos camufladas de sus textos, fuentes que, por otro lado, el propio autor reconoce aparecen de una forma inconsciente en algunos poemas o, en muchos casos, él no las recuerda. También quiero agradecerles a José Olivio Jiménez y a Carles Casajuana su ayuda en algunas de estas notas.

«Las afueras», X

En los versos finales Biedma recoge una imagen poética de Fray Luis de León e invierte el significado. «El aire se serena, / y viste de hermosura y luz no usada» (Oda «A Francisco Salinas»).

«Idilio en el café»

El verso «o entre cansados hombres en pijama» recuerda otro de T. S. Eliot que dice «los hombres solitarios en mangas de camisa» («La canción de amor de J. Alfred Prufrock»).

El artículo de Biedma, «Revista de bares» de *Al pie de la letra,* es un buen texto para ser leído paralelamente a este poema.

«Aunque sea un instante»

Este poema tiene un aire familiar con «the autumnal serenity que aparece descrita por Eliot en la parte II de «East Coker» de su *Cuatro cuartetos.*

«Muere Eusebio»

Eusebio era el guarda que se ocupaba de la casa de la Nava de la Asunción.

«El Pinar del Jinete» se encuentra cerca de Nava de la Asunción, Segovia, donde los padre del poeta tenían una casa.

«Noches del mes de junio»

La expresión «lágrimas por ser más que un hombre» proviene del poema de Cernuda «Como leve sonido» que se encuentra en *Los placeres prohibidos* (1931).

«Infancia y confesiones»

El verso «Mi infancia eran recuerdos de una casa» indica una intención paródica respecto al poema de Antonio Machado, «Retrato». Y los versos «Yo nací (perdonadme) / en la edad de la pérgola y el tenis», es también una parodia de otro de Rafael Alberti: «Yo nací —¡respetadme!— con el cine» («Carta abierta» en *Cal y canto*).

«Villa Estefanía» y «La Torre del Mirador» son nombres de lugares inventados por el autor.

«Ampliación de estudios»

Los versos «y el gorgoteo de la alcantarilla / despertaba los pájaros en el jardín» son un eco de «los gorriones en el arroyo» de los *Preludios,* III, de Eliot.

En «cuando consideráis / vuestro estado y pensáis...» se hace eco Biedma del soneto de ascendencia petrarquesca de Garcilaso de la Vega: «Cuando me paro a contemplar mi estado.»

140

El verso final en francés es de «Le Tombeau d'Edgar Poe» de Mallarmé, aunque en un contexto paródico.

«De ahora en adelante»

La obra de Wystan Hugh Auden (York, Inglaterra, 1907-1973), mencionado en el texto, influye considerablemente en el tono poético de Biedma.

«Piazza del Popolo»

Este poema parte de un encuentro con María Zambrano en Roma; en el *Diario* lo narra como sigue: «Cena de despedida con María Zambrano [...] Habló de nuestra guerra, del éxodo final, de su emoción al escuchar el otro día la Internacional cantada por una multitud en la Piazza del Popolo, con tal viveza, con tanta intensidad que me sentí dignificado, exaltado a una altura significativa, purificado de todo deseo trivial. Cuando la dejé, fui a sentarme en la terraza de Rosatti y escribí veinte versos, el monstruo de un poema que me gustaría escribir, contando lo que ella me contó» (págs. 16-17).

«Canción para ese día»

El final del poema, «Se escucha / rumor de pasos y batir de alas» es un verso ligeramente modificado de Bécquer que dice: «rumor de besos y batir de alas» (Rima X).

«Barcelona ja no és bona, o mi paseo solitario en primavera»

Fabián Estapé Rodríguez: economista catalán. J. G. B. asistió al seminario sobre economía que dictaba Estapé, en la cátedra de García Valdeavellano, en la Facultad de Derecho de la Universidad de Barcelona (curso 1946-1947). Posteriormente Estapé se haría amigo del grupo de Barcelona y asistiría a sus tertulias. Carlos Barral habla de él en sus memorias: *Años de penitencia*, 4.ª ed., 1982, pág. 205.

La cita de Rodrigo Caro es de la «Canción a las ruinas de Itálica».

Este título viene de la expresión popular «Barcelona és bona si la bossa sona».

El poema narra un paseo por la montaña de Montjuïc de Barcelona.

«Miramar»: explanada de Miramar, en el Montjuïc, donde hay un edificio novecentista que fue un restaurante en la época evocada en el poema. Hoy funcionan allí los estudios de la televisión catalana.

«Era en el año de la Exposición» se refiere al 1929, año de la Exposición Internacional que tuvo lugar en Montjuïc.

«Detroit»: ciudad industrial de Estados Unidos donde se fabricaban los coches de la marca Chrysler mencionada en el texto.

«Sitges y Caldetas»: pueblos en la costa cerca de Barcelona donde las familias adineradas solían tener mansiones para veranear.

«salta-taulells» expresión catalana que significa: aprendiz, dependiente de tienda.

«Apología y petición»

Respecto a este texto de Biedma, en su artículo «La imitación con mediación...», escribe lo siguiente: «Sólo una vez recurrí al empleo de formas poéticas propiamente medievales, para escribir "Apología y petición", una sextina; es trabajo divertido pero de más difícil justificación literaria. La curiosidad por el canon estrófico que inventó el gran Arnaut Daniel me venía de la poesía en lengua inglesa; Sir Phillip Sydney tiene una espléndida sextina doble y creo que fue Ezra Pound, entre los poetas modernos, el primero en resucitar ese desusado artilugio de los trovadores; "Altaforte", un monólogo dramático puesto en boca de Bertran de Born, suena a falso Robert Browning y convence poco. Auden también tiene una, en *The Sea and the Mirror*. En cuanto a valor estético, lo mejor que la sextina ha dado de sí en nuestra época está en la maravillosa y libre estilización a que la sometió T. S. Eliot en la parte segunda de *The Dry Salvages*. Los poetas españoles del Siglo de Oro la utilizaron poco; cuando yo me senté a escribir "Apología y petición" sólo conocía una de Fernando de Herrera; bastante más tarde leí otra de Cervantes en La Galatea, muy hermosa. De la sextina de Herrera, que es floja, aprendí que en las seis palabras a repetir, a lo largo de las seis estrofas de seis versos y en los tres versos del cabo, deben evitarse las que tradicionalmente conllevan resonancias metafóricas —nieve, llama o cristal, por ejemplo: la repetición sistemática las vacía de todo sentido, convirtiéndolas en comodines—. Conviene escoger palabras cuyo valor musical o afectivo la repetición intensifica —río, montes, noches, selvas...—, que es lo que hace Sydney, y lo que seguramente hubiera hecho Garcilaso, o acogerse al ejemplo de Arnaut Daniel, el inventor y *miglior fabbro,* decidiéndose por las palabras menos poéticas del mundo, fiado en que la mera repetición las irá enriqueciendo. Eso es lo que yo hice» (págs. 82-83). Y sigue diciendo: «La idea de utilizar una forma rara, artificiosa y difícil, según suelen considerarla los preceptistas —los poetas sabemos que las formas artificiosas son las más agradecidas y las menos difíciles—, para escribir un poema sobre España, un poema social, era ciertamente irónica pero no frívola» (pág. 85).

«Noche triste de octubre, 1959»

«Letras protestadas» es un término legal que se refiere a letras de cambio no pagadas.

«Albada»

El modelo de este poema es el *alba* «Reis Glorios, verais lums e clartatz» de Giraut de Bornelh (siglo XII). La relación entre el texto de Biedma y el medieval es ampliamente documentada por Rovira (1986a, 181-184). Pero el mismo poeta, en su artículo antes mencionado, «La imitación...», nos da todas las claves técnicas de este texto: «intenta ["Albada"] la puesta al día de otro estereotipo de la lírica europea medieval, la separación de los amantes al amanecer, tal como se da en los trovadores. Un *alba* muy famosa de Giraut de Bornelh sirvió de modelo [...] Mi versión ha cambiado el amor cortés en transitoria aventura de una noche, *la gensor* en desnudo cuerpo anónimo y *la cambra,* tan exaltada por los trovadores, en habitación de *meublé,* como aún decimos la gente barcelonesa de mi generación; los pájaros que pían *queren lo jorn per lo boschatge* son los de las Ramblas y *lo fol gilos* no es sino la rutinaria realidad de la vida. Suprimí las invocaciones al inicio de cada estrofa —recuérdese que el *alba* de Giraut se cantaba y mi "Albada" se lee—, pero el despliegue del poema es idéntico; seis estrofas de exhortación y una, final, de respuesta [...] Obviamente, las dos voces que hablan en mi poema, una que exhorta y otra que responde, expresan dos modos de conciencia de un único sujeto, el amante [...] O sea, que las seis primeras estrofas podrían leerse como una exhortación del alma al cuerpo —fue Gabriel Ferrater quien me lo dijo—, y eso determinó la concepción de mi poema. También en lo estrictamente formal me sirvió el *alba* de punto de partida, aunque muy pronto renuncié a la trasposición directa.

143

Necesitaba un verso más, los pareados en consonante no se avenían bien con mi idea y la terminación aguda me era necesaria para el estribillo. El hecho de que éste sea un infinitivo sustantivado fue posiblemente lo que influyó en la invención de mi propio canon estrófico y en la variante que en él introducen las estrofas segunda, tercera, quinta y sexta; en ellas, el cuarto verso, con su persistente acento en cuarta, su forzada cesura y sus desiguales hemistiquios, pretende contrarrestar la aguda y dura monotonía de la rima consonante —a la misma finalidad sirve el desplazamiento de *mot-refranh*— y es un paródico homenaje "de oído" al decasílabo provenzal» (págs. 75-76, 78, 80-82).

«Conversaciones poéticas»

Estas conversaciones poéticas organizadas por Camilo José Cela tuvieron lugar en Formentor (Baleares) entre el 18 y el 25 de mayo de 1959. La anécdota a que se refiere el poema la narra así Carlos Barral en sus memorias, II: «Lo de la estatua no sé a qué hora sería, ni lo precisa Jaime Gil en su poema conmemorativo, pero tiene todo el aspecto de una anécdota de final de noche muy regada [de alcohol] y tras el mutis de las personas serias y hasta de las compañeras y esposas. La cosa es que, efectivamente, amé a la estatua, a la figura de piedra artificial puesta de pie en un escollo frente al muelle del imaginario club [...] Crucé las pocas brazas de agua hasta la roca que apeanaba la figura y rendí homenaje genital —quién sabe si de verga empinada, el alcohol a veces lo puede todo— a los muslos mayolianos de la robusta muchacha lunar» (pág. 244). La *Antología* de Gerardo Diego (que también participó en estas jornadas poéticas) es la que, junto a otros poetas, lanzó la generación del 27.

«París, postal del cielo»

Título tomado de un verso del poema de Blas de Otero, «Esta villa se lleva la flor», que aparece en *En castellano*.

Jaime Gil de Biedma estuvo en París en dos ocasiones antes de escribir este poema (1960): en julio-septiembre de 1953 y en el verano del año siguiente.

«Mañana de ayer, de hoy»

Este poema y los tres que le siguen en la antología intenta imitar *Les Contrerimes* de Paul Jean Toulet (1867-1920), poeta francés exquisito y decadente. Este libro fue publicado ya muerto el autor; tanto por el rigor métrico de los textos como por la variedad de los temas tratados, bajo un tono elegiaco último, tiene su conjunto mucho que ver con la obra de Biedma.

«Días de Pagsanján»

Pagsanján es una zona cercana a Manila que toma el nombre del río que la recorre y que aparece en el poema.

«Volver»

Este poema lleva el título de un tango cuya letra es de Alfredo Le Pera y la música de Carlos Gardel. Curiosamente en *Tango. Discusión y clave,* de Ernesto Sábato se dice de él que «aparece redactado en lenguaje culto y con la intención de prestar al tango un aliento poético más alto» (pág. 74).

En el poema «El juego de hacer versos» Biedma escribe: «la mejor poesía / es el Verbo hecho tango.»

«Loca»

Término conocido que se aplica al homosexual muy afeminado en España y otros países de lengua castellana.

En la entrevista del poeta con Bruce Swansey y José Ramón Enríquez (1978) leemos lo siguiente respecto a este tema: «la pluma [que en general se le atribuye a la "loca"] es una complicada, y yo diría que muy apasionante, creación sociocultural del ghetto [...] puede oscilar entre la parodia esperpéntica y la estilización irónica del "maricón" [...] Al asumir irónicamente la falsa imagen que los otros han creado para él, el homosexual está queriendo demostrarse que se ha aceptado a sí mismo con todas las consecuencias».

«La novela de un joven pobre»

Existe una novela francesa con este mismo título: Octave Feuillet (1821-1890), *Le roman d'un jeune home pauvre*. En los años 40 se hizo una película en español basada en este texto, protagonizada por Hugo del Carril y Amanda Ledesma.

Santa Rita es un pueblo de Pampanga, una provincia rural del centro de la isla de Luzón en Filipinas. Por lo tanto el acento «pampangueño» proviene de ahí. La calle Isaac Peral se encuentra en la zona de prostitución de Manila, ciudad donde vivió el poeta por largas temporadas. La imagen de este joven filipino se mezcla con la descripción de un camarero, Pepe, mencionado en el *Diario*: «Porque no le ha bastado con ser inteligente y guapo: ha tenido que ser pobre además, y haberlo sido siempre y saber que nunca dejará de serlo» (pág. 134).

«Canción de aniversario»

Este poema nos remite a otro anterior del autor, «Vals del aniversario» donde ya se leía: «Nada hay tan dulce como una habitación / para dos...».

«Un día de difuntos»

En este poema se evoca una visita a la tumba del líder socialista español Pablo Iglesias, en 1959.

«te acuerdas, María, cuántas banderas...» es una frase oída por el autor el día de la visita al cementerio antes mencionada.

«Años triunfales»

Parodia del poema de Rubén Darío, «Marcha triunfal», de *Cantos de vida y esperanza*. La cita que encabeza el poema es del texto de Darío.

«*Peeping Tom*»

Esta expresión en inglés significa, mirón o *voyeur,* o sea: una persona que espía secretamente a otras mientras se desnudan o realizan el acto sexual. El nombre Tom alude a un hombre que miró (contrariamente a lo que hizo el resto de la gente) a Lady Godiva cuando, desnuda, pasaba por las calles de Conventry (Inglaterra), cumpliendo así una condición que le había puesto su esposo para eximir al pueblo de un gravoso impuesto. A partir del siglo XVII aparece el tema en la literatura inglesa y, embellecido éste, en el siglo XIX nos encontramos con que Tom es un sastre que, por mirar a Lady se queda ciego.

«Después de la noticia de su muerte»

El verso final es el título de un libro de Luis Cernuda. El texto remite a otro poema de Cernuda: «In memorian A. G.».

«Intento formular mi experiencia de la guerra»

Aquí se alude a lugares cercanos a Nava de la Asunción, Segovia, donde el poeta pasó los tres años de la guerra.

«Elegía y recuerdo de la canción francesa»

Como ha señalado Mangini, el esquema de este poema se aproxima al de la canción francesa que se cita al principio.

El verso «Nosotros, los de entonces, ya no somos los mismos» es un préstamo literal de un verso de Pablo Neruda (*Poema 20* de *Veinte poemas de amor y una canción desesperada,* 1924).

«Desembarco en Citerea»

El título proviene del poema de Baudelaire «Un voyage a Cythére», en *Les Fleurs du mal.* Después de haber publicado Biedma su texto Guillermo Carnero en *Dibujo de la muerte,* 2.ª ed. (1971) incluye un poema que lleva por título «El embarco para Cyterea».

De nuevo aquí Biedma se hace eco del poema de Cernuda «In Memorian A. G.» y el VII de *Donde habite el olvido.*

«En una despedida»

Jimmy (James) Baldwin es el novelista norteamericano, amigo del poeta, que estuvo en Barcelona en 1962, año en que Biedma escribió este texto.

«Ribera de los alisos»

El aliso es un árbol que crece en las riberas de los ríos y en lugares húmedos. Aquí Biedma nos remite al espacio rural de Segovia.

«Pandémica y celeste»

Los versos de Catulo dicen lo siguiente:
«Tan gran número como las arenas del Libia.» [Se refiere a los besos de Lesbia que le serían necesarios a Catulo.] «O como las estrellas que, cuando calla la noche, contemplan los furtivos amores de los hombres...» (Rovira, 1986a, 301).

El título del poema [escribe Rovira] alude a las dos Afroditas, Pandémica y Celeste, de que habla Platón en el *Simposio*, símbolos de la multiplicidad romana y del amor único, respectivamente, y que en el texto aparecerán como complementarios (1986a, 195).

El verso «hipócrita lector —mon semblable, —mon frere! es una cita directa del famoso poema de Baudelaire, «Au lecteur» de *Les fleurs du mal*.

Evocación de John Donne: de su poema «The extasie» son los versos «Loves mysteries in souls doe grow, / But yet the body is his booke», que Biedma parafrasea: «Que sus misterios, / como dijo el poeta, son del alma, / pero un cuerpo es el libro en que se leen».

«Y por eso me alegro de haberme revolcado...» nos vuelve a su texto «Peeping Tom».

«O aquel portal en Roma —en vía del Babuino» evoca una experiencia personal del autor narrada en su *Diario*, pág. 17.

El verso «oh noches en hoteles de una noche» es semejante a otro de Eliot: «noches inquietas en baratos hoteles de una noche». T. S. Eliot, *Poesías reunidas (1909/1962)*, Madrid, Alianza, 1981, pág. 27.

«de la langueur goutée a ce mal d'etre deux», es de «L'apres midi d'un faune» de Mallarmé.

«trabajos de amor disperso» es una variante del título de Shakespeare, *Trabajos de amor perdidos.*

«de aquella gracia antigua» procede de un verso de Cernuda, «Amando en el tiempo», que dice: «Aquella gracia antigua desordena.»

«El juego de hacer versos»

En este poema se usan las ideas de W. H. Auden en su ensayo «Making, Knowing and Judging» y del libro de Yvor Winters, *In Defense of Reason* (Mangini, 1980, 30-33).

«Píos deseos al empezar el año»

Glosa irónica del tópico: «año nuevo, vida nueva».
El inicio del poema es una alusión al *Infierno* de Dante: «Nel mezzo del cammin di nostra vita».
El verso «cuando el tiempo convida a los estudios nobles» viene de la oda «Al licenciado Juan de Grial» de Fray Luis de León, donde se lee: «El tiempo nos convida / a los estudios nobles...».

«Contra Jaime Gil de Biedma»

Es aquí interesante señalar lo que Antonio Carreño dice respecto a este poema: «El desdoblamiento a través [...] de la contemplación, y dentro de las múltiples variantes que ofrece el mito de Narciso ("Narcisse parle", por ejemplo, de Paul Valéry; "La Jolie Rousse" de Apollinaire), surge [en este poema donde] el buen burgués se enfrenta ante el bohemio en que éste se ve: el hombre maduro, cuarentón, ante el "otro" disoluto» (1982, 43-44).
El «sótano» mencionado es uno que tuvo Biedma en la calle Muntaner, en Barcelona, donde ocurrían desde reuniones de amigos hasta furtivos encuentros amorosos.

«Príncipe de Aquitania, en su torre abolida»

El título procede del soneto de Gerard de Nerval, «El desdichado» pero que según Rovira (1986a, 250) Biedma lo toma del verso 430 de *The waste land* de Eliot.

«Después de la muerte de Jaime Gil de Biedma»

Respecto a este poema declara el autor a Campbell: «En julio de 1966 [lo escribió]. Yo tenía miedo a encontrarme suicidado antes de poder reaccionar. Entonces, lo que ideé [...]: crearme la idea que yo ya me había suicidado» (1971, 221).

«Amor más poderoso que la vida»

Juego paródico con el soneto de Quevedo: «Amor constante más allá de la muerte».

«Himno a la juventud»

Este poema está relacionado con el «Hymne a la beauté» de Baudelaire.

El verso «toda brillos, fulgor, sensación pura» proviene (transformado) del poema de Rubén Darío «Yo soy aquel que ayer no más decía...», donde se puede leer: «todo ansia, todo ardor, sensación pura» (*Cantos de vida y esperanza,* 1905).

«Antínoo»: el ya casi mítico amante del emperador romano Adriano que murió ahogado en Egipto.

En los versos finales se hace una parodia bíblica de los diversos órdenes de los ángeles («los tronos, las dominaciones, los principados, las potestades...»; *Epístolas a los Colosenses,* I, 16). Como se puede ver, Biedma ha transformado «las dominaciones» en «las abominaciones».

«De vita beata»

El verso inicial procede de otro de Manuel Machado en su poema «Prólogo-Epílogo» que dice: «En un pobre país viejo y semisalvaje».

El verso de Propercio dice literalmente: «Oh cuanto por sí tu fulgurante forma se impone!» *(Elegías,* II, XXIX, 30. La traducción es mía).

Colección Letras Hispánicas

DE PRÓXIMA APARICIÓN